U0035427

活出2倍的人生

告別不容易，但我們終究會相見

回顧2020年2月當選中華民國第10屆不分區立法委員從政之前，玉霞在南非經商40年。年約18、9歲時，為減輕家計負擔而必須半工半讀，日間在毛衣廠打工，晚上就讀高職。某日看到報紙徵人廣告，隻身飛往非洲賴索托，從基礎技術員做起，教導當地工人毛衣技術設計，就此開啟「外派」生活。也在當地遇到人生的另一半一吳松柏，婚後夫妻倆共同創業、認真打拼，經營運輸、修車、加油站、紙箱業、代理日產進口車、房地產等。事業穩定成長後，看到當地台商小孩的教育需求，決定提供免費就讀的中文學校，創辦非洲賴斐臺商學校，也協助慧理法師開設孤兒院，連續擔任三屆董事長負責孤兒院創辦所有事務，收容因愛滋病而失去家庭照顧的孩童。

僑胞在外打拼的艱辛、凝聚及情感，也讓玉霞在擔任立法委員後，更想幫助生活在這塊土地上的台灣人，期能「幼有所養、壯有所用、老有所終」。40多年的海外經驗，身為在異鄉打拼的「外國人」，玉霞瞭解融入非洲當地文化、尊重當地制度與法律的必要，對照台灣在對待外國人時，讓玉霞看到只偏重移工權益及保障時，若代價是犧牲台灣的弱勢失能者，絕對不符合公平正義。台灣標榜公平正義，我們更沒有理由讓弱勢、失能的台灣人在自己的土地上，得不到合理的對待。

台灣在新冠疫情期間，衍生大量外籍勞工逃逸、轉換工作業別、要求加薪等問題，於是在2022年3月中，玉霞邀請勞動部官員、學者、企業、勞工與仲介業者一起召開「移工逃逸、轉換雇主亂象叢生，雇主求助無門」公聽會，研議如何透過修法、加強取締、盡速遣返失聯移工等方式，以免讓台灣淪為犯罪組織的溫床，也避免造成台灣產業成本、醫療成本和社會成本的持續消耗。該場公聽會後，玉霞認識了「台灣失能者家庭暨看護雇主國際協會」理事長張姮燕博士，接著幾次與張教授透過視訊會議並參與該協會會員大會後，更瞭解家中有因有重症、失能、失智的老弱病殘，在聘僱外籍看護時所遇到的問題，幾乎都是因為制度不良，以及過度偏重移工人權所造成。

　　2023年疫情趨緩而逐漸開放外籍看護工引進，玉霞自忖必須在任期結束前，更積極幫助這些無助的弱勢團體，因此提出〈就業服務法第58條修正草案〉，盼能將移工失聯後雇主重新申請的「等待期」大幅縮短，雖然遺憾於協商時，並未通過玉霞提案的家庭移工15天和產業移工1個月，最後改為移工逃逸後家庭和產業移工的等待期，分別為1個月及3個月，對於縮短「等待期」算是有一點成果。

　　引進外籍勞動力30年以來，移工的問題越來越多，已影響國家安全、國人薪資結構、產業勞動力的供需、受照顧者的人權與受照護權

等，因此與王鴻薇、游毓蘭等多位委員，一起召開兩次「移工問題總體檢」公聽會，討論就業安定費、巴氏量表、外籍看護訓練與管理、逃逸外勞等議題。而一場由玉霞及王鴻薇委員偕同多名脊髓損傷及重症失能病友召開的「重症失能者的痛苦」記者會中，為重症失能者指出勞動部針對外籍看護工貿然推動的「入境一站式服務」，實施6個月後，就已有5%的新進移工轉換雇主或工作，或在一個月左右就開始以怠工等方式，逼迫重症雇主同意其轉出。面對這些重症失能的台灣人民，在立法院發出「不能讓我們好好活著，就讓我們安樂死」的悲鳴，讓人萬分不捨、情何以堪！

今欣見努力為重症、失能家庭寫文章論述、拜會各政黨的民意代表及黨團的雇主協會理事長張珽燕教授以及執行長童文薰律師，決定把她們照顧父母親的歷程透過《活出兩倍的人生》一書，與大家分享，少走一些照護冤枉路。在閱讀張教授與童律師的文章後，感佩她倆在各自有著工作及照護責任外，還撥出時間做公益、著書立說。閱讀他們的照護故事，細膩的文筆，感受到照護的點滴與送別親人時的無奈；不同章節分別針對聘僱外籍看護、使用長照資源、制度建議、法律觀點進行鋪陳，兼具實務及知識性。這是本市面上難得一見的書籍，全書看得到張教授及童律師對家人及眾人的愛，貫穿每一個故事

與建議，尤其是針對法律的部分，比如遺囑、遺產的處理、不急救等法律問題給讀者想法，更是一本好看的「工具書」。

　　「傾盡生命所有、創造利用價值」是玉霞人生的座右銘，也是我成為立法委員秉持的初衷。雖然立委任期將屆，但已對雇主協會所提出的外勞制度及長照問題提出修法的連署，未來也將此修法的重責大任交棒給下一屆立委，期許這群弱勢族群能得到更多立委的關心與協助。玉霞強力推薦張教授與童律師這本《活出兩倍的人生》，如同她們章節的標題，提醒著我們活著每一天，都要思考「活著，到底為了什麼」？ 而「活著的意義，或許是經歷那些人生低谷」，雖然「告別不容易，但我們終究會相見」。希望此書能夠讓更多還在照護及生命課題迷中尋找的人，找到生命的價值與意義。

立法委員　溫玉霞

給每一位在照護路上的家庭

　　失智症跟我們一般看到小朋友發育遲緩有很大的不同，一般指的是原本能完全自理自己行為的成人，因為某些疾病的原因，可能是退化、可能是腦傷，導致原先可以處理事情的能力，漸漸下降，到完全需要其他人口頭或是全程來協助的狀況，這時就會被診斷成失智症。常見的症狀包括忘東忘西、記憶力變差、空間感變差（容易迷路）、解決事情的能力變糟（如煮飯的時候鹽加成糖、忘記關火等）。在台灣，簡單把失智症病因歸類成兩大類，一種是跟年齡可能有關係的退化性失智症，但確切的病因尚未清楚。這類型常見的失智症如阿茲海默症（Alzheimer's Disease），就會用記憶力的減退來表現，又比如帕金森氏症（Parkinson's Disease），一開始手抖、腳抖、行動不便，過了幾年出現退化。另一大類就是腦部因為疾病直接衝擊到腦，如中風、腦瘤、頭部外傷，也會導致失智症，而這兩類失智症的症狀跟大腦受損的區域相關。

　　失智症若是退化性，病程從早期診斷到臥床，原則上可能是七到十年不等；但像急性的疾病比如小的梗塞，症狀比較輕微但會突然出現，而較大的梗塞，可能一發病就直接臥床，病程多所不同。失智症病人有時候會合併憂鬱症、焦慮症、睡不好、情緒會暴躁或具攻擊性行為，這些對家屬而言的症狀，可能比記憶力減退還困擾。所以失智症症況診斷越早，積極地給予藥物，病人可以維持自己的日常生活、可以自理的時間越久。在高雄長庚，診斷失智症有四個主要的流程，第一個是醫師的問診，就病人生活狀況、症狀的部分進行臨床的分類判斷失智症類型；第二關則安排心理師跟失智症病患進行問答般的考

試，看其智能、情緒、行為、生活功能；第三個流程是抽血，把身體的疾病（如甲狀腺亢進、腎臟病、糖尿病）所造成的腦袋不靈光的假象排除；第四步驟是做腦部的掃描，從結構上看腦部哪個地方中風、長腦瘤或是萎縮，用來輔助前三項觀察的現象。

Heidi的父親，是早發性失智症的患者，她與妹妹帶著父親經歷上述所有診斷及治療的過程，從輕微失智，到中重度的臥床狀態，至今已約十四年。每個失智症病人與家屬的狀況，不一而足，而Heidi姊妹倆對父親照護的心，讓她們的照護之路有著屬於她們的記憶點與特殊性。而童文薰律師的父親因中風而臥床，她選擇與先生承擔照護責任，十幾年下來也說盡照護者的不容易。

《活出兩倍的人生》的編排很特別，每一個章節都由兩位作者風格不同但帶著感情的照護故事做開始，再由法律觀點或制度建議做小結。書籍也針對這一年來發生的變革，如巴氏量表、失智共照、將失智症放寬至輕度即可聘僱家庭看護、居家醫療、遠距醫療等議題做說明與分析。閱讀起來，既有兩個家庭不同照護經歷的分享，也有實務層面可以參考的豐富資訊。身為醫者，治療的是疾病的症狀，並提供家屬需要的資源與建議，但照護病人，除了治療與陪伴外，更需要本書兩位作者所提供在法律端及管理端的專業。你們要將一切的憂慮卸給神，因為祂顧念你們（彼得前書5:7）。推薦這本書，給每一個在照護路上的家庭。

長庚醫療財團法人高雄長庚紀念醫院
神經內科部副部主任、神經內科教授級主治醫師　張瓊之

眾志成城、帶出改變！

南亞海嘯我們不陌生，金融海嘯我們也經歷過，其實海有一種海嘯稱為失智症海嘯卻早已在你我身邊默默襲來，只是大多數人尚渾然不知……然而伴隨失智症海嘯排山倒海而來的各樣衝擊卻讓許多病患家屬經歷了莫大的苦難與痛處！

這些苦難與痛處除了直接來自病患症狀所帶來的困境之外，小家庭或單親、少子化的家庭照護人力的不足、臨床醫療的效果缺少突破，再加上法規與主管單位的桎梏和框架都使得失智症患者的家庭如同雪上加霜，甚至形同莫名的懲罰！

這一切困境或許主管單位都是「無意」的，但是如果能夠「有心」或是多走一哩路，或者是讓社會大眾更多了解真實的景況，帶出更多的同理心，這局面必然會有所不同……自己身為失智症患者的家屬，也走過那漫長而艱辛的道別旅程，深深感受到失智症海嘯帶來的衝擊與影響絕不僅只於個別家庭，而是整個社會；因此要面對進而解決問題所需要的是政府與民間共同努力才有可能，除了如人飲水冷暖自知的消極面對方式之外，倘若有人願意現身說法、大聲疾呼、喚起更多人認識、關心這議題、發揮影響力敦促政府和社會加快腳步找出因應之道將有機會帶出改善與突破……

這次姮燕老師與童律師願意共同執筆完成這本書，除了詳述自己的心路歷程和照護過程的艱辛旅程之外，也透過更多真實的案例加上童律師專業的法律見解和經驗，提供給讀者和社會大眾觸動心

弦又務實、可貴的的分享，深信必然能夠幫助台灣社會在現在的家庭困境和失智症照護議題上引起更多的共鳴和回饋。書籍的編排和表達方式也深具創意，讓真實故事和因應之道並陳；使讀者可以同時對照，更容易及時接收實際可行的應對建議，不但是一本觸動心弦的生命故事，更是一本實用的照護之道手冊。兩位作者的文筆都細膩而直白，可讀性自不在話下，但是最可貴的兩位作者的心，巴不得他們走過的路、遭遇過的問題和經驗能夠幫助到更多的家庭，期待能喚起更多的同路人不要只是停留同病相憐的彼此取暖，而是能夠眾志成城、帶出改變！

　　滿心期待這本書的出版，也鄭重推薦給共同生活在這個島國的您，深信我們一起努力必然能夠帶來突破，而不再是狗吠火車的百無聊賴……

高雄市牧者合一會理事長
浸信宣道會真光教會主任牧師 **何宗杰**

成立協會相互濡沫、鼓勵、協助，著實令人驚嘆

　　張姮燕教授是一位令人感佩的孝女，而本書是一位孝順女兒的經驗分享。因為在同一所大學教書而認識姮燕，深入認識之後才發覺她是我學弟、學妹的女兒，再加上她大學部就讀中山大學外文系，而我曾在中山服務直到退休，因此備感親切，對於她照顧失能、失智的父母親更是令我「感心」。我不認識童文薰律師，她是一位法律人，書中她以法律人一貫的冷靜犀利看待問題，令人深為嘆服。

　　認識姮燕以來，一直認為她是一位熱情、積極充滿追求新事物正能量的時代女性。但是對於她癌末的母親、失智失能的父親卻是沉著地、耐心充滿愛的照顧著，這是最令我感動的部分。

　　如今我也是一位老者，對於後輩的關懷特別敏感。老人們都希望能有一群兒孫承歡膝下，讓餘生充滿幸福，然後抱著幸福回歸自然。但這是在一般的情形下，如果自己失能失智，一副不生不死的樣子，就要考驗後輩的「孝心」了。碰到有需要長期照護的長輩，兒女們能否一直保持一顆平常而孝順的心，值得觀察，出現所謂「久病無孝子」的現實狀況一點都不意外。姮燕從自己的感受，寫出一位兒女照顧父母親的心路歷程與天下有共同經驗的同胞分享，並成立協會相互濡沫、鼓勵、協助，著實令人驚嘆。

　　生活由兩個字組合而成。「生」是生命的維持，「活」是尊嚴與有趣的締造。因此，老人的安養與照護工作不光是「養」他們，更重要的，也要讓他們活得幸福有尊嚴。

「安養與照護」是世界性的議題。「安養與照護」不單是一種福利政策，也隱藏著倫理與龐大商機。「生老病死」是人生常態，也導出公共事務的教育（生）、安養（老）、照護（病）以及殯葬（死）四大面向。實際執行時則有「人、事、物」三個變數。「人」方面，甚麼樣的人需要照護、甚麼樣的人提供照護、甚麼樣的人實際執行照護（需要甚麼資格）；「事」方面，要如何照護、與醫護如何協調合作、照護工作的型態等；「物」方面，照護的設備、財力支持等。「人事物」的種種歸結就在分配與制度的問題上。而在這些變數存在的基本上有一個時間軸，「人事物」便在這個時間軸上滾動變化。有許多事務以前不可用的現在開放了，有許多已經執行的因為時間軸的滾動而必須修改現在則仍抱殘守缺等等。政府對於三種變數在時間軸上的變化對應得並不敏銳，因此才會有不合時宜的法令存在。比方說外籍看護工的聘僱（「人」的問題），巴氏量表（「事」的問題），長照經費的補助（「物」的問題）等，這些種種僵化會讓身為當事人深深有感，因此，姁燕與童律師寫出來與大眾分享並呼籲政府與時俱進，能隨時改善與時間軸的滾動同步。

　　本書是家有長照需求者兒女的心聲，孝順女兒的囈語，期待引起共鳴，也希望政府能感受到一位照顧失能失智老人的子女無助與需求，而適當對應。

國立中山大學、義守大學 退休教授 **洪萬隆**

家庭的長照政策刻不容緩

　　認識Heidi超過20年，Heidi從學生時代便非常有想法的人，有次在學校走廊遇到，得知她開始四處尋找適合她父親的機構。她父親是典型從輕症到重症病人，所有失智病患會遇到的情況Heidi幾乎都遇到了。也經歷聘僱外籍勞工，勞工無理由逃逸等等接踵而來的問題。這些都讓Heidi想更深入瞭解外籍勞工政策並把本書的內容提供給許多人都面臨類似的問題及困境。

　　Heidi在書中描繪家庭成員，父母親特質及之後生病需要照顧的情境，這些都能引起許多人的共鳴。而共鳴之餘，如何解決需要照顧的人力則提供非常具體的情境及解決方案。這本書還有著許多不同的案例，每個都是活生生在台灣發生的狀況，案例跨各式各樣的慢性疾病照顧，例如：癌症、失智、身心障礙、幼兒照顧、緊急需求照護等等。Heidi與童律師二位作者將案例與照護及法律觀點相結合，並提出許多照護人力、照護系統上的看法及政府與法律的角色等，讓閱讀的人清楚瞭解實務面與政策面的做法及落差，同時也提供政府政策的參考。

　　台灣的老化速度非常快，未來只會看到更多需要老老相互照顧的情境，國家如何提出足以幫助家庭的長照政策可說是刻不容緩。本人極力推薦此書，深信此書爲讀者，爲社會，爲政府提供案例及建言。

國立中山大學管理學院教授及院長　**葉淑娟**

爲「第二人生」共創幸福

　　一個媒體工作背景的人，離開報館之後。我在醫院工作了18年，每天經歷著病人在醫院的故事。這段時間，我經手處理及撰寫的醫病故事，寫成大約6百萬字的文章；製作大約300個小時的錄影訪談。想要把這一些素材變成有益於醫病雙方的報導，在製作和寫作上，必須對以下的問題有「先驗」和「後驗」的觀點。包括：好醫師（包括護理人員及醫師人員）的本質是什麼？好病人的本質是什麼？醫病之間的關係，是怎樣的關係呢？

　　醫病雙方對這三個問題不同的理解與實際的行動，所呈現出來的醫院故事，有著完全不一樣的風景。快樂的醫院故事大致相同，也就是活著回家；不快樂的醫院故事，各有各的不快樂，但很顯然地，醫病糾紛、不愉快或爭執的發生，往往是因爲雙方把醫病之間的關係看作是「消費者」與「商家」的關係，發現醫院或醫師扮演的角色不符合期待；病人爲爭取自己的權益，到頭來好像也沒有得到更好的待遇。

　　病人不需要住院做積極的治療，出院之後，倘仍然必須有居家看護者來接手照顧。這時候，病人和居家照顧者又將是怎樣的關係呢？當你把二者的關係看作是「消費者」與「商家」的關

係，這對雇主和病人來說，會是最理想的關係嗎？

　　我的岳父，年九十六歲，現與我們同住，由一位來自菲律賓的外籍看護女性負責照顧他的起居。當我們近身觀察她對岳父的服務內容，包括餵食、餵藥、更換衣褲、洗澡、擦屎擦尿、頻繁地協助上廁所，以及帶他到公園裡散步，陪他到老人中心和其他老者互動等等，整晚睡在他的臨床，幾乎24小時的陪伴。照顧者和雇主的關係，比起父母、配偶、子女更加親近與親密。我每天看他對岳父所做的一舉一動，包括攙扶、梳頭、剪指甲、刮鬍子、擦拭嘴角等等，如此日復一日對待一位行動顫顫巍巍，寸步都要人攙扶的陌生老人，我完全相信這需要非常的愛心才能做得到。這位外籍移工所做的，顯然不是任何雇主親人所能勝任的。她來自遠方，飄洋過海，離開父母、丈夫和兩個孩子，她與我們的關係更像親人，而不是僱傭的關係。為了表示感謝，我們會主動地為她加薪，因為她所付出的相對於她所獲得的報酬，比常理明顯地更微薄了一些。

　　深入了解童文薰律師和張姮燕教授在「僱主協會」所做的努力，相較下我們顯然是眾多聘用外籍看護的家庭中非常幸運的雇

主之一。向「雇主協會」投訴的家庭，有些是重度失能者被居家看護者施暴虐待；看護移工離開崗位不告而別也並不少見。其實多數雇主生活並不寬裕，他們的要求也很卑微，只希望在現有的制度下，可以找到基本稱職的看護者。

我非常能夠理解當看護移工突然逃逸不見了，對於雇主家庭尤其是殘疾需要照顧的家人將造成多大的驚恐，就像我無法想像目前在家裡服侍我岳父的這位菲律賓的偉大女性如果突然說要離開工作，將如何打亂我們的日常生活。

雇主與外籍看護之間的關係，當然不全然是消費者與勞務提供者之間的關係；但是就像醫病關係，也必須由《醫師法》等法律來做規範一樣，外籍看護的管理也必須有公平嚴謹的法律來規範。

好的制度和法律是很重要的，但是要得到幸福，單靠好的制度和法律顯然是不夠的，還是要回到本文一開始提到的，「雇主協會」應該多多告訴大家：好雇主應該做到什麼？好居家看護者應該做到什麼？雇主和居家看護的關係，應該是怎樣的關係？

我推薦大家都來讀一讀《活出兩倍的人生》這一本書。殘疾

人士指的並不是別人，而是有一天我們大家都將成為殘疾；外籍看護的雇主指的也不是別人，而是有一天我們大家也將成為雇主。我們都在追求幸福的人生，幫我們服務的外籍看護，他們也在追求幸福的人生，他們更在為遠在海外的家人追求幸福的人生。

　　當我們都成為殘疾人士，身邊都需要有一個貼身的看護者來照顧我們的時候，這將是我們的「第二人生」。讓我們一起想辦法為這個「第二人生」共創幸福。

銳傳媒總編輯 **鄭春鴻**

目錄 ｜ 推薦序   **2**

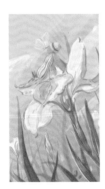

前言

Winifred
童文薰律師

　　我與張姮燕老師因為共同關心的議題——家庭看護工與外勞政策，從意見交換到成為無話不談的好友。我們有相似的經驗——都曾悲痛地送走至親，以及承擔起親人長照的責任。但姮燕讓我特別佩服的是，她有一顆堅強敏感且慈悲的心，在照顧父親的同時成立了「台灣失能者家庭暨看護雇主國際協會」，出錢出力，負重前行幫助更多在人生道路上遭逢艱難考驗「難友」們。

　　我常在媒體上看到姮燕發表的文章，更常看到她深夜了還在發文章為弱勢的雇主們發聲。她的觀點與論述精準，筆鋒更帶著深深的感情。如果能夠以這樣的快筆成書，不僅可以讓更多人明白需要家庭看護工的家庭與雇主面臨的問題，更可以提供過來人的經驗，以及尋求協助的管道與方法。所以我建議姮燕出書。但是這個戰壕不能只挖了給她跳，我既然點頭同意擔任雇主協會的執行長，這個主題我也得出點力。最後我們決定一人分配一半的篇幅，正所謂「一人一半，感情不散」，期盼腦力激盪之餘更能友誼長存！

　　基於之前出版幾本書的經驗，我認為寫書最難的部分是決定書名以及定出大綱。姮燕問我有對書名什麼想法？我說，《活出兩倍的人生》如何？

我父親從1993年生病臥床到2008年離世，長達16年的時間讓我理解失能者的痛苦，與其家庭面臨的所有問題；外子在2020年毫無預兆驟逝，又再讓我明白什麼是人生無常以及大悲無言。面對傷痛，我可以選擇當個躺平族哀嘆命運，也可以選擇為逝去的他們多活一點、多付出一點，活出兩倍的人生。姐燕在求學的過程中歷經失去母親的痛，接著再扛起照顧失智父親的重任。她沒有選擇逃避，何嘗不是活出兩倍的人生？

　　我與姐燕能夠樂觀積極往前行，憑藉的是什麼？我們用這本書分享如何處理問題，以及如何轉念的方法。

　　人生就是一場接連不斷的旅程。走過這個山坡還有另一個山頭。我們用旅行的心情來說屬於自己的心事，屬於自己的故事。這本書是心情日記也是教戰手冊。希望你用不上。但若有一天你找不到面對傷痛的答案，這本書或許可以在黑暗中提供一盞燭光、一點療癒。

前言

Heidi
張姮燕老師

　　自從有記憶以來，都在教育界服務的父母親就把我跟妹妹照顧的無微不至，我們唯一要做的事情，叫做「念書」。國小、國中都念特殊教育班級，世界很單純，連同班同學都是經過篩選後的少，沒有太多的煩惱，一路從台灣唸到美國，直到2009年在美國剛考完博士資格考的那天，人生突然定了格，母親在我的電話答錄機裡，留言說她很好，不用擔心。母女連心，聽到這樣的留言，當下覺得肯定事有蹊蹺，直覺告訴我，打電話回台灣問妹妹是不是癌症，妹妹向來靠老姊慣了、不擅撒謊，認了母親的病情，並告知檢查結果已是完全沒有任何治療選項的肝癌末期。接下來的人生，已數不清有多少的夜晚，就跟媽媽住在病房裡，睡在窄小的陪病床上，隔天再去上課；就算是出院在家的日子，已記不起有多少個夜晚，耗到三更半夜不敢睡，深怕沒聽到媽媽的呼喚，而沒見到最後一眼。終究，沒能敵過癌細胞到處轉移，在2011年11月11日我拿到學校給的教職員證的隔天，母親陷入昏迷，數日後，隨菩薩修行去。

　　緊接著，父親被診斷「早發性失智」，而這是條漫漫長路，從記憶喪失、對日常生活混亂、走失、譫妄、暴怒、猜疑等失智病人會經歷過的，我們幾乎都沒錯過。目前父親已是重度失智症，所有日常生活都需要旁人協助，舉凡走路、吞嚥、呼吸等我們健康的人視為理所當然的機能，都成了問題。每天被照護的壓力追著跑，畢竟重症的病人，沒有人要顧。聘僱外籍看護，在近幾年來，也像買彩券一樣，無法預測會刮到優良看護的大獎，還是刮到逃逸外勞的血本無歸。家裡

第二次遇到外勞逃逸的那年，我正在美國密西根州立大學擔任交換學者，跨海遙控除了著急、焦慮外，也無法做什麼事，但正好遇上新冠疫情，空出教課的時間，所以有時間探討外籍看護制度到底發生什麼問題，為什麼把外籍看護當家人的我們，還是遇到逃逸的問題，而且被勞動部毫無道理地懲罰「空窗期」三個月。

因緣際會下，與童律師認識，一起討論外勞政策。就這樣，我們一南一北，竟然也可以聊出亦師亦友的情誼，而每每跟童律師討論，總可以獲得知識的增長與人生的啟發，也看到法律人嚴謹的論述下，有著對人事物的悲憫。今年農曆年後的某一天，童律建議寫下我們照護以及送走家人的故事，甚至似乎不假思索地連書名都想妥，就叫《活出兩倍的人生》。當下我會心一笑，想著「妳怎麼知道我每天念著把我母親的那部分也繼續活著」，但同時思量著一個藏著這麼深的思念跟情感，真要挖出來寫給大家看嗎？所以不死心地又確認了兩次，真的要寫嗎？畢竟，**「堅強的人，只是把悲傷藏的比較深」**，要把悲傷挖出來，還是埋更深？但念在童律師跟我，應該都不是逃避現實的人，而且都有「路見不平拔刀相助」的特質。所以這一次，透過書寫自己人生旅程中的照護故事跟感觸，在活出兩倍人生的過程中，可以把照顧至親、面對死亡的心路歷程，帶出正面的意義與大家分享。我相信，一切都有最好的安排，包括這本書。此書獻給每一位，勇敢面對人生旅程中生、老、病、死、苦的人。

第一章

人生沒有絕對的好事，也沒有絕對的壞事

1 在人生的谷底，看到不一樣的風景

　　2023年5月8日，52歲的張姓病患家屬要求三軍總醫院神經外科主治醫師幫母親開立巴氏量表（Barthel Index；又稱ADLs），但在醫師評估下，認為病患條件尚未符合開立標準，於是張男便在醫師進行巡房探視病人時上前毆打，6度出拳痛毆，並有3拳打在醫師臉上，更多次謾罵三字經問候，導致顏姓醫師的頭部、顏面受傷，即使過程中有多位醫護幫忙勸架、阻擋雙方毆打，仍擋不了拿不到巴氏量表家屬的戾氣。事件曝光不僅引發外界議論，也掀起醫界譁然，有醫師便吐露背後辛酸，無奈道「很多醫師都恨透這個功德量表！」由於巴氏量表一旦卡關，便難請外籍看護，專家、民團呼籲廢除巴氏量表（華視新聞，2023）。

張烜燕老師　　*Heidi*

　　我的父親在家中，排行老八，總共十來個兄弟姊妹，所以在爺爺、奶奶被慢性疾病折磨時，所有人一起分擔支出，就算經濟上有所差異，狀況好的多出點，也讓兩老餘生，有自己人或是台籍看護全程照護。而外公、外婆都是因為心血管相關疾病，突如其來的中風，子女成家較晚，在華人社會理應承擔的兒子們，上有老、下有小，無法自己照料雙親，剛好台灣已值引進家庭看護，就聘僱看護協助了照顧工作。接著我自己的父母親，因為先後罹患癌症跟失智症，只有妹妹跟我，還在職涯剛起步的階段，必須聘僱外籍看護協助照護。從自己家庭的縮影，不難推想有多少人正在承擔照護的重責大任與困境。

　　目前聘僱外籍看護，通常還是找仲介，但台灣有將近2千家仲介公司，從何選起？在這20年間，聘僱外公、外婆、母親、父親的外籍看護，我試過各種屬性的仲介，總結出一個結論，不管仲介公司大或小、仲介評鑑A級或B級、仲介是台灣人還是外配、雇主是否認識仲介老闆、仲介主要做廠工還是看護工，台灣仲介的品質良莠不齊、也未必每個都有企業倫理跟道德。往往看到我們越需要外籍看護，病人越難顧，仲介費就會越高，且等待期也愈長。而仲介評鑑也絕對不是聘僱外勞的指標，根據我二十年來的聘僱經驗，那張評鑑表，只是仲介公司比較誰美編比較強、作文比較好、包裝較精美罷了。透過親朋好友推薦口碑好的仲介，會是相對不踩雷的方式。或是找有加入仲介職業工會的，畢竟工會有教育訓練，**較有制度的仲介，對外勞的管理也同樣較有規矩，也有固定翻譯可以協助處理。**

　　除了找尋仲介，開立「巴氏量表（全名為評估病症暨失能診斷證明暨巴氏量表，如附件）」也得經歷折騰，畢竟重症、失能或是老人

家要出一趟門到醫院，經過冗長的評估，都是勞民傷財的過程。勞民在於必須超過一人以上陪病，還加上交通安排，而傷財在於開立巴氏量表，各家醫院評估的費用，都是自付額，從300元到1,900元不等，而量表還是有效期的。記得疫情期間，因為聘不到工人，也不願意被仲介哄抬價格，還沒聘到看護，就開了兩次巴氏量表，對浪費醫療資源與專業醫師的時間，也感到抱歉與無奈。父親每次就醫，就得出動最少三個人，再加上復康巴士接送，看一次醫生，病人累，家屬也累翻。一但遇到外勞逃逸或轉出，為求最快速的聘僱新看護，又得再開一次巴氏量表，重新聘僱。自從失智症的人口愈來愈多，勞動部也接受專為失智病人設定的CDR（臨床失智評估量表）加上病症暨失能診斷證明書，或是用重度、極重度等級者且是特定障礙項目之一的身心障礙證明來聘僱外籍看護。

這幾年，巴氏量表也有「到宅評估鑑定服務」，由無法出門的重症患者，跟地方縣市政府的「長期照護中心」申請後，一旦符合收案條件，重症家庭僅需支付包括醫師及醫事人員（二人）約1,700元到2,000元的「出診訪視費」、約700元到1,000元的「評估鑑定費」，以及「交通費」三項。但從拿到專業醫師開立好的證明，交給仲介進行勞動部規定的步驟（參附錄5），再到外籍看護從國外引進到家中，這流程就算在新冠疫情缺工前，也是兩個月以上的等待期。只要等過，都能明白，為什麼非法外籍看護能繼續存在的原因。家中有人生病，本來要把心思跟重心都放在照顧病人，但在人生的谷底，我們卻得經歷更多要獲得穩定照護人力的坎坷。

童文薰律師 *Winifred*

　　台灣長照問題如果以二分法來切割，無非是選擇機構照護或者居家照護。每個家庭的條件不同，但應該扛起照顧責任的人按照法律規定的順序與繼承的順序相同：夫妻、子女、孫輩、兄弟姐妹等等，如何分擔責任往往是親屬間衝突甚至互相怨恨的開端。女性往往是最先被犧牲的對象，不管是媳婦或女兒，她們被要求扛起照顧責任的理由經常是「薪資較低」、「工作較不重要」。基於孝道或家庭與社會壓力，總是有人擔起了責任，但也同時有人選擇逃避。

　　選擇機構照護主要是費用承擔的問題，但也有一些機構要求重症患者必須自備外籍看護。如果是這個情況，與居家照護決定聘顧外籍看護的家庭一樣，都必須走完聘僱程序，這個程序的起點就是巴氏量表。

　　巴氏量表是一項評估診斷證明，需由醫師出具。政府的立場出於「防弊」，擔心需要外傭的家庭不具備足夠的失能條件，所以拿巴氏量表做為標準，而且設立「三個月有效期」，要求這些家庭必須在初聘、續聘、改聘等各種情況拿出最新的巴氏量表證明自己有資格聘僱外籍看護工。讓病人往返醫院取得巴氏量表是完全沒有必要的冷血制度。因為被評估為失能的病患，萬中無一可以恢復到正常。就算恢復到健康的狀態但還是希望有看護工居家照顧，有何不可？這種「防弊」的心態，難道是怕失能者家庭太幸福？

　　一直以來由醫師開立的巴氏量表具有一定的可信度，但也有少數醫師以收受紅包的方式開立虛偽評估的證明書，讓有需求但條件不符合的家庭也能具備僱用外籍看護工的資格。

　　有什麼遊戲規就會產生什麼結果。造假固然不應該，但造假顯示

了人力的需求、許多家庭對於幫傭人力的需求。但政府立了不合理的限制，於是上有政策下有對策，虛假的巴氏量表有錢就買得到。如果買不到，僱用黑工也是大有人在。2023年台灣超過八萬名逃逸外勞，就是至少八萬個人力需求的證明。

過去所稱的亞洲四小龍，生育率都低於全球婦女平均生產胎數2.30。2023年6月底台灣的生育率是1.08，韓國1.10，新加坡1.16，香港1.22。台灣多年來穩居世界倒數第一！除了低薪造成年輕人不敢結婚不敢生，另一個問題就是沒有照顧人力。這四個國家都缺工，但只有台灣嚴格限制家庭類幫傭。

其實巴氏量表應該廢除，家庭類外籍幫傭應該開放，無需區別是否為失能者家庭。香港與新加坡早就這麼做了，不僅分擔了家庭工作釋出雙薪人力（夫妻皆可進入職場）還保持比台灣高的生育率。

台灣為何在家庭勞動力需求問題裹足不前？更何況醫師的天職在醫治病人而不是開立證明。三軍總醫院的醫師因為開立巴氏量表的問

題被家屬毆打的事件不僅是家屬焦慮下犯的錯，更是錯誤制度導致的不必要衝突。

怎麼解決這個問題？很簡單，政府虛心面對社會需求，從取消巴氏量表開始，改用家計單位年收入（包括政府補助）決定聘僱外籍幫傭的資格（新加坡的制度，一對大學教授夫妻的年收入可以聘兩名外籍幫傭，門檻不高，目的是確認僱主能履行聘僱責任）。

對於家中老小孩的照顧，無需等到失能之後。應該在亞健康的狀態就能維持更好的健康狀態減少臥床到臨終的時間。這對國家整體醫療支出、病人福祉、照顧者的負擔、醫護人員的承擔等等多方面來說都是好事。我們的幸福人生，不該再被擔誤下去了。

但巴氏量表一點用處都沒有嗎？我認為如果在評估給予福利或長照人力補助時，對弱勢者進行居家評量，自然可以使用信度高的巴氏量表。但聘僱幫傭不過是個資格問題，用不著以巴氏量表來擾民。

　　一旦決定要聘僱家庭看護，家屬必須帶長輩在醫院由專業醫師進行評估，**取得「病症暨失能診斷證明書暨巴氏量表」或是「失智量表」，近幾年來也可以拿著「身障手冊」，向勞動部勞動力發展署申請「招募許可函」**，才算正式進入申請外籍看護的流程。「巴氏量表」主要是經由被政府指定的醫療機構進行，並非每家醫療院所都有此服務，一般診所無權開立巴氏量表。醫師確認評估患者活動能力，經由醫療團隊評估給予分數，並透過評分高低來判斷患者是否有自主生活之能力，以便向政府申請補助與移工看護等。也就是說，巴氏量表僅為申請看護的基本證明文件，以專業的醫療判斷來決定是否可通過的申請依據。在巴氏量表中，分數越低代表患者自主能力越不足。評分分數能分成5大級距：0～21完全依賴、21～60嚴重依賴、61～90中度依賴、91～99輕度依賴、100完全獨立。一般來說，分數只要低於35，就可以申請醫療看護喔！

　　取得巴氏量表的整個過程，通常耗時數周。建議找**有資格開立量表的醫療機構**（診所不行）而且是平常就有就醫紀錄的醫師，因為病人的醫療紀錄較完整，醫師開立巴氏量表的意願就會較高。取得巴氏量表後，大部分的家庭選擇透過人力仲介公司進行聘僱。一般來說，聘僱家庭看護的費用主要包括：

（1）一次性的申請外籍看護仲介費。

（2）每個月外籍看護的固定薪水。

（3）加班費。

（4）負擔意外險、職災險、全民健保等其他雜費。

（5）伙食費。

（6）住宿成本等。

　　如有其他名目的支出，例如機票費、訓練費等等，應該拒絕接受並尋求其他仲介的報價，貨比三家不吃虧，並根據勞動部的建議，遇到超收費用的仲介，可以舉證並向主管機關勞動部提出檢舉。

　　申請外籍家庭看護工，係依據《外國人從事就業服務法（簡稱就服法）》第46條第1項第8款至第11款工作資格及審查標準第18條第1項所定之資格條件。但在雇主協會與筆者共同努下，並在立法委員溫玉霞舉辦公聽會與記者會，指出巴氏量表擾民問題後，勞動部預計在2023年10月起，對可聘僱外籍看護的適用對象，採取「多元認定方式」。此新制除接受原聘僱規定中醫療機構的巴氏量表專業評估之外，已增加包括符合特定身心障礙重度等級以上項目之一之資格。符合下列三項條件者，免巴氏量表，即可提出聘僱家庭看護工的申請：

一、經照顧管理評估量表（CMS）評估，自核定長照服務之日起，使用照顧服務持續6個月以上。

二、經一名神經科或精神科專科醫師臨床診斷失智評估量表（CDR）輕度以上（CDR=1）的輕度失智者。

三、放寬原12項之特定身心障礙重度等級以上的免評項目，將失智症放寬至輕度，肢體障礙及罕見疾病放寬至不限病症，並增加呼吸器官失去功能之障礙程度達重度以上、吞嚥機能失去功能之障礙程度達中度以上等兩類別。放寬後，免採用巴氏量表評估之特定身心障礙類別將有14項（參表一）。

表一、免採用巴氏量表評估之特定身心障礙類別
（2023年底放寬）

類別	特定身心障礙項目
1	平衡機能障礙
2	智能障礙
3	植物人
4	輕度以上失智症
5	自閉症
6	染色體異常
7	先天代謝異常
8	其他先天缺陷
9	精神病
10	不限病症之所有重度以上肢體障礙患者
11	不限病症之重度罕見疾病患者
12	多重障礙（且須具有上述11項身心障礙項目之一）
13	呼吸障礙重度以上
14	吞嚥障礙中度以上

註1：未註明輕中重度等級者，一律須符合重度等級以上，
　　　始可免用巴氏量表申請聘僱外籍看護工

2 走到盡頭的照護之路，遇見生命轉折處

　　身為雙薪家庭的雇主郭小姐，因符合家庭幫傭的資格，申請照顧雙胞胎幼子。外籍幫傭突然罷工且不假外出，待幫傭回家後幾度詢問才告知外出去「面試新雇主」，接著便以怠工的方式，不照料原本工作契約明訂的照顧小孩的工作，躲在雇主給的房間不履行工作義務。郭小姐與先生投訴台中市勞工局，以勞資協調會處理。郭小姐堅持不放棄自身權益，畢竟自己根據規定聘僱外籍幫傭，遇到幫傭惡意違約且不轉出的情況下，等行政程序跑完得以再聘，當初符合申請規定的申請條件，也恐因幼子年紀漸長而不符資格再聘。不放棄的郭小姐，在無人協助的情況下與公部門繼續爭取，勞動部最後裁定外勞得轉雇主，結束長達8個月的勞資爭議。

張姮燕老師　*Heidi*

　　從外公突然中風的2005年起，歷經母親罹癌、父親失智、外婆中風等狀況，也看見台灣在照護政策、資源、制度的演變。但共同點，就是遇到急重症，必須聘僱外籍看護協助照護的急迫性，且感恩還有相對便宜的外籍看護，可以在家中協助一個家庭維持正常的機能。很難想像，因為家人生病而導致的照護需求，若沒有不管是台籍或外籍的看護，要如何走過這些人生的低谷。但在引進外籍看護的這30年演化中，對有照護需求的家庭，越來越不友善，而申請的限制跟流程，沒有簡化，反而增加更多限制。

　　我替爸媽聘僱的外籍看護，印尼、越南、菲律賓都聘僱過，每個人的個性、習性、能力都不一樣。除了聘僱的等待過程未知，連來的人會不會適合、要磨合多久，都不知道。這幾年來，甚至因為逃逸的猖獗，每一個外勞，我都做好她「隨時會逃跑」的打算！第一次遇到逃逸，是媽媽緊急住院的2009年，還好當時就已經有聘僱外籍看護的文件，仲介送來一個據稱雇主剛往生的印尼看護，報到的第一天下午，走出病房說要去倒垃圾，就再也沒有回來過。這位「一日看護」自主選擇逃逸，而需要照顧的母親卻得按照當時規定看護失聯期間仍得掛在名下三個月，被懲罰三個月期間不能聘僱其他外籍看護。這段照護的空窗期，還好那時候我還是沒有工作且正在放暑假的全職博士生，每天就待在醫院，睡在小床上，直到病房已住到必須出院回家的那天，都還沒有辦法補進新的外籍看護來協助。至今，每個外籍看護我都當家人對待，一同進食，以大姊自稱，而非madam，但也不再敢掏心掏肺。第一次遇到看護逃逸，充滿困惑與不解。第二個外勞逃逸，也是在我們跟仲介完全沒意料的，因為我們已跟她續約下一個三

年，那時充滿難過與驚訝。第三個外勞，逃逸的過程還拍抖音說「在台灣逃逸很簡單、很好玩」，也寫下剛從阿公家離開，就有人接到新的阿嬤家。看著她在社群媒體寫的這些文字，憤慨台灣的制度，在外國人眼中，如此不堪。

我的聘僱外籍看護經驗告訴我，從國外引進跟在國內承接，遇到好的或壞的看護，都是「靠運氣」！如果能等待，就從國外引進，因為可以從「面試」做篩選，避免聘僱後的磨合期拉長。而國內承接，最大的好處是「快速」。但缺點是，除非雇主往生，否則在沒有淘汰不良看護機制前，常常快速買到的工人，也往往是日後更多問題的開端。因為她很有可能是一個雇主換過一個雇主，誰都不喜歡，也誰都照顧不了的問題外勞。但在國內承接，連仲介都常告訴我們，要試了才知道，看「緣分」。

誰不願意自己家人安好，不需要聘僱外籍看護，但一旦遇上了，這些必經的人生低谷，可能會遇到對你家人如自己家人般的外籍看護，同時也可能會遇上同樣是台灣人卻只想趁人之危海削一筆買工費的仲介；可能遇到視病如親的醫生，但也可能遇到只來照護不到一天就逃跑或不做的看護。最大的體悟，看護能不能好好照顧我們的至親，是她的價值觀跟對照護工作的尊重，跟國籍無關，也跟海外引進或國內承接無關。而外勞會不會逃跑，也跟你對她好不好無關，因為對她再好，都比不上同鄉三言兩語的遊說。所以，**身為雇主或是同住家人，做好看護隨時會不做、會改變心意、會隨時逃跑的準備，但也同時善待每個照顧至親的陌生人，感謝他們願意陪伴我們走這段照護旅程**。

童文薰律師 *Winifred*

　　我父親中風臥床時，我與兩個哥哥都已成家在外，母親與父親在空巢期獨居土城老家。這個家也是父親與母親白手起家建立的工廠，台灣很多中小企業主就是這樣打拼起來的。

　　父親先是住院治療。他是自己覺察不對自行就醫，但走著進醫院的他，出院時必須坐輪椅，生活必須母親協助打理。但老家的浴室與廁所都不是無障礙的設計，每次就醫必須遠程到台大或榮總，我建議聘請外籍看護，但母親死活不肯，情緒很大。我的兩個哥哥，一位已經移民在外，另一位則沒有把父母接去同住的打算。我詢問外子的意見，他沒有半點猶豫一口同意把父母接來同住。

　　那時我們兩人的工作都在起步期，沒有能力在台北購屋。為了方便父親就醫，我們選擇在天母租屋。看了幾個單位，最後選擇了一間有電梯的大樓。但租屋過程也不是那麼順利，有一個屋主聽說我是為了照顧父親才在天母租屋，直接拒絕了我。人生中第一次明白失能者家庭會遭受什麼樣的歧視，連租房子都沒資格！

　　總算在天母落腳之後我開始招聘外籍看護。1994年時台灣多用菲傭後來才有印尼籍看護。可能是我的仲介公司在選工的用心（馬來西亞在台僑生創業），沒有發生過外逃或違約的問題，雖然有過小偷小摸的問題，但我把她們當家人對待，不限制吃食也不要求他們做額外工作，一直到我父親2008年過世，這長達14年有外籍看護同住的日子，聘僱問題並未給我太大的折磨。與現在面對各種刁鑽問題的雇主們不可同日而語。這證明仲介公司與評鑑有多麼重要！

仲介公司的收入高嗎？我的仲介從一開始騎著機車拿資料來給我填寫，沒有三年的光景他就買了寶馬新車！這30年來投入人力仲介的公司越來越多，但良莠不齊卻從沒解決，江河日下的結果是姮燕前述的各種問題，也是本章案例郭小姐遇到的問題：所有支出的費用都拿不回來，想要減輕生活負擔卻得不到政府的支持。「人權」二字只用在外籍幫傭身上，台灣政府卻從不明白「履行合約」守住國格、讓本國國民幸福的重要性。

　　以上的問題不能解決嗎？當然可以，而且百分之百是政府的責任！首先要建立仲介評鑑制度，再來要建立每一個外勞的評鑑系統讓前任雇主可以留下記錄供下一位雇主參考與決定是否接聘。這個系統甚至可以跟亞洲其他國家的雇主分享交換。至於杜絕惡意轉聘也有方法，解約者必須強制離境後再重新走改聘程序，同時違約的一方應該支付他方損失，這都是非常基本的契約概念不是嗎？

　　一味縱容外籍看護工違約的政府，何時會垂頭看看台灣弱勢雇主的無奈與心酸？這些弱勢雇主被當成企業財團來對待，但實情是他們既不懂法律也沒有萬貫家產。他們只是想要在不幸的人生裡開出幸福的花朵罷了！

【結語】

充實各行各業缺工數量、禁止轉工

　　解決惡意轉聘問題，惟有充分供應有需求的產業與家庭所需的人力，才能杜絕以重症看護工作機會為跳板的轉工或逃工問題。新冠疫情期間，因移工暫停引進而導致近大量外籍看護工以怠工等方式達到轉換成產業類移工的目的，俗稱「洗工」。在新冠疫情爆發的2020到2021年五月，重症成跳板，看護工被洗成產業類別的狀況極為嚴重。以往只靠仲介的約束力達到控制移工轉換產業別，但疫情間勞動部有數據卻不主動解決問題，直到雇主協會要到統計資料再予以發布（表二），對照疫情期間洗工人數為往年的數十倍，造成輿論壓力後，勞動部才修改轉換雇主之規定。110年8月27日修正發布之「外國人受聘僱從事就業服務法第46條第1項第8款至第11款規定工作之轉換雇主或工作程序準則」規定，明定移工轉換雇主時，倘連續14日內未有同一工作類別之雇主登記承接，移工始得跨業轉換雇主。但移工有不可歸責事由，始得轉換雇主或工作，如移工要求轉換雇主而雇主不同意，雙方得進行協商，並循勞資爭議處理程序處理。倘移工以怠工方式，迫使雇主同意轉換雇主，雇主得向勞動部1955勞工諮詢申訴專線申訴，並經地方政府認定屬實，勞動部將依法「廢止其聘僱許可」。移工若屬於可歸責，將不同意移工轉換雇主，並令限期出國。

建立移工評鑑制度

　　由以上疫情期間造成的洗工問題，可知端靠市場機制及仲介管理外籍勞動力，無法保障雇主與外籍勞工。台灣政府將外籍勞動力管制

30年以來，既未建立仲介評鑑制度也未建立移工評鑑制度，不管在引進前或引進後，雇主能評選的竟然只有相片，其餘資料皆無從查證，外籍看護工往往不具備看護能力。

　　台灣在與勞動力引進國簽訂「移工合作備忘錄」時，權責單位必須要具備能力協助台灣雇主審核並把關照護工照護專業能力的部分，為失能者家庭分擔訓練及管理外籍看護的重擔。據行政院與勞動部透露2023年年底將與新開發的勞動力引進國—印度簽署移工合作備忘錄，應有前車之鑑，把對印度移工的語言、專業、技能等要求詳加載明。人人都會老，若與移工制度相關的部門繼續牛步，在照顧長輩的目前所看到的問題，會繼續成為我們自己的明天。當外勞一哭、二鬧、三上吊吵著換雇主時，「談判技巧」是雇主最重要的課題。

　　首先、雇主必須要**合法**，先站得住腳，才有立場為自己辯駁。倘若不小心觸了法律警戒線，也不用緊張，沈穩應對即可。雇主**不宜聽從仲介「保管證件、避免逃逸」的建議**，因為移工逃逸的機會與管道已不可同日而語，**保管移工證件無法減少逃逸的可能，因此雇主務必在仲介交工時，就讓移工自行保管其護照、居留證（ARC）與健保卡。**而外籍看護必須繳交給仲介的服務費，也該由仲介自行與看護收取，雇主不宜從其薪資扣除後再代為繳給仲介。這樣在薪資的呈現上，外籍看護才會看到雇主端總共支付的薪資與費用，而不把其與仲介端的服務費協定，轉嫁到雇主端，也可讓仲介藉由必須按月跟移工收取服務費，履行服務、確認工作狀況等責任。

　　另外，在看護開始工作的前三個月，通常較容易出現適應問題，而提出換雇主的要求。除了沒有仲介可做為居中協調人的直聘雇主外，當移工與雇主有勞資爭議時，雇主應請仲介帶翻譯居間協調，在

協調溝通過程，也可以錄影、錄音並將協調後的結果**「文字化」**後簽名。若移工堅持轉出，雇主應按照合約堅持「不簽同意轉出」，得以掌有談判籌碼的主控權，另外也不要畏懼去當地勞工局開「協調會」，更不用聽信仲介話術要脅若不同意外勞轉換雇主，外勞「可能逃逸」等理由而被框架住。依據現行規定，若外籍看護逃逸、失聯，無法聘僱下一位看護的空窗期已縮短為一個月。雇主應根據合約、要求仲介及外籍看護履行合約，並且據理力爭。

政府應提供雇主法律扶助

在處理移工事務上有任何疑問，都應撥打「1955」，留下對話紀錄，建議多撥打幾通，確認資訊取得的正確性。切記，外籍看護的雇主不是仲介，在雇主沒有違法的情況下，仲介沒有任何資格帶走外勞。雇主必須要表示留住外籍看護的意願，而一旦外籍看護要求不接受留任而要轉換，就可以跟當地縣市政府的勞工局，提出「勞資爭議協調」的申請。目前已經有多個縣市政府，提供線上申請勞資爭議調解（如台北市、台中市、高雄市等），若無線上申請，可至勞動部或各縣市政府勞工局，下載申請表格。通常，移工因其具低收入的資格，可以有法律扶助，且多有勞團陪同，建議雇主應尋求社團法人台灣失能者家庭暨看護雇主國際協會、仲介公會等熟悉《就業服務法》等聘僱規定的專業團體，偕同出席勞資爭議協調會。另建議勞動部，應由就業安定基金撥款，提供外籍看護雇主免費的法律扶助。例如目前，高雄市政府勞工局即特聘高雄律師公會提供免費法律諮詢（07-813-3980），讓遇到勞資爭議的雇主，得以尋求勞動法令、民事刑事糾紛等諮詢服務。

表二、新冠疫情期間家庭看護工轉換至製造業人數飆升，為疫情前的數十倍之多

年度月份	2018	2019	2020													2021					
			1	2	3	4	5	6	7	8	9	10	11	12	1-12總計	1	2	3	4	5	1-5總計
印尼	58	45	2	2	4	5	3	5	11	5	12	2	14	3	68	69	116	168	133	163	649
菲律賓	18	8	1	1	3	2	1	2	5	7	26	54	67	12	181	144	213	177	175	163	872
泰國	1	1	0	0	0	0	0	0	0	1	0	1	1	0	3	2	1	3	4	3	13
越南	14	12	4	3	0	1	1	0	2	2	7	7	8	0	35	31	52	47	47	40	217
合計	91	66	7	6	7	8	5	7	18	15	45	64	90	15	287	246	382	395	359	369	1751
總計	91	66	287													3502					

註：根據勞動部及立委辦公室資料整理（@2023）

3 盡人事之後，才能聽天命

　　62歲的小電腦器材行老闆，因小兒麻痺，有著重度肢體障礙，屬重度身心障礙者，妻子也因輕度小兒麻痺，無法工作，需要兒子協助日常起居。20多年來，一家三口雖然生活簡樸辛苦，卻也能互相扶持。直到9年前，為了讓媳婦放心嫁給兒子，不希望自己與妻子，成為兒子未來的生活負擔，申請外籍看護來家裡照顧自己。2020年因為疫情影響，遲遲等不到新外籍看護來台，經營一家小店的兒子與媳婦為了照顧自己往返醫院及各種生活所需，常常要中斷生意，嚴重影響家中經濟。無奈之下，靠友人介紹找了新的仲介，說手上有已在台灣、等待轉換新雇主的外籍看護，礙於時勢所迫，明知在台灣等待轉換雇主的，除了原受照護者往生，為了不影響家人與自己的生活，也只好咬緊牙根「簽下去」。孰料這一開端，一年內連換3個外籍看護，有的不適任、有的怠工、有的要轉到工廠，幾乎永遠在正在等下一個看護來家裡。62歲的受照顧者說：「我只是想要讓兒子放心娶媳婦，請外籍看護來家裡幫忙，現在卻頻繁更換，沒有盡頭的等待期，反成為全家的困擾」（今周刊，2020）。

張姮燕老師　　*Heidi*

　　急重症通常都是最緊急需要照護資源的，畢竟急病來的又急又快，意外也不會先預告，所以只要有緊急照護需求，誰還能在沒有家人可以承擔照護工作的情況下，慢慢地等待外籍看護工從國外引進呢？所以在醫院，只要有住院的需要，護理站就會問有沒有自備看護，或是有家人照顧。因為醫院的護理人員，也是人力不足，更無法協助每個病房中的每個病人換尿布、洗澡、餵食、拍痰等。於是在醫院，護理站有仲介或是居服單位的電話，而病房的床頭，也常出現仲介發的宣傳單，提供聘僱外籍看護的資訊。

　　這14年來因照顧雙親的聘僱外籍看護經驗，已不知道有多少次焦急且似乎永無止盡的等待，也記不清開了多少張巴氏量表。申請的過程，沒有快速又確保外籍看護品質的方法，在病情與照護的壓力下，也還是只能按照規定，按部就班的經歷開量表、等招募函、等仲介媒合工人等過程。如果幸運，外籍看護待得住，這個流程可以縮短；若遇到必須換看護，申請與等待的過程，可以不斷循環。

　　選工的經驗讓我體會到聘外籍看護有如買彩券，不管是請仲介直接選工送來家裡，猶如隨機的電腦選號，或是經過面試、擲筊問神、算命老師看面相等各種方法選出可能最適合的人，猶如煞有其事計算與推敲最有可能中的號碼。一旦選好號碼、結完帳，都要抱持著這個外勞未必願意照顧，也就是不會中獎的心理準備，但也不應放棄偷偷期待這人是上帝派來家裡協助照護的天使，讓你中大獎的機會。

　　聘過三位越南看護，都因照護知能不足及工作態度不佳，待不到半年，就解聘。也試過菲律賓看護，一個待了一個月就因老公在家鄉罹患腦瘤離職，另一個待了三年，但因為在台灣已經賺足夠她回鄉

做小生意，選擇回家。印尼看護，留下的、換掉的、逃跑的，大概超過10個。其中，有讓我至今能希望能見到她，表達感謝她陪伴我、盡心照護母親的「阿雅」；也有至今逃跑原因跟動機，百思不得其解的「阿蒂」；還有年逾45，仍在最後三年就達在台服務年限的「淑敏」，猶如管家般的照護當時譫妄嚴重的父親，雖然盡心照護但也讓父親跌倒受傷撞到頭，接著因錯誤判斷為水腦而開刀，造成病程急遽惡化。每個外籍看護，都替我們家，帶來獨一無二的照護故事，或好或壞、或悲傷或喜樂，我們都得接受。畢竟，每個外勞也都帶著他們原生家庭的背景、價值觀、工作態度來到台灣，而我們也都面臨不同階段的疾病進程。看著這些看護陪著家人走到生命的盡頭，從摺蓮花到送到最後一程，這個最熟悉又陌生的看護，眼淚擦一擦，可以無牽掛的往下個雇主家前進。我也總算明白，**照護工作跟家人情感，終究是兩回事，在照護的路上，我們只能盡人事、聽天命，但求無悔。**

童文薰律師　*Winifred*

在我還算順利的外籍看護聘僱經驗裡，還是有幾次空窗期，主要是等待新聘人力抵台之前，原外傭已經到期必須離境。這個期間家裡的生活變數很多，爲了不讓母親太勞累，必須請台籍看護到家裡照顧臥床的父親，而且是24小時都要有人。

台籍看護的問題不僅是費用的問題，願意擔任看護的台灣人，在與他們聊天的過程中得知，其實人人都有一把辛酸淚。他們的年齡普遍不低，卻很願意24小時連續工作不回家。甚至在你擔心他們睡眠不足照顧病人會不夠盡心時，會開出只願意做24小時的班，不接12小時輪班的條件！

到了2000年之後，我很難再聘到台籍看護，外配尤其是陸配成爲主力來源。他們照顧病人的能力普遍不如台籍看護，我還遇過一位陸配全部家當都在行李袋裡根本沒有落腳的家！一旦外傭抵台不再需要臨時的看護時，她袋子一收就回去住在醫院！她身體健康嗎？居無定所如何健康？但賺的錢必須寄回去老家給前婚的一雙兒女，咬牙也要硬撐。這還是我從教學醫院的看護媒合單位找來的人手，想挑人？那也得看你能否承受得了人力不足的空窗期！

當你心有餘而力不足時，很多事情只能將就。而讓我們如此慌亂不堪的源頭其實是錯誤的政策與制度。

現在回頭看那些時常因爲父親嗆咳感染而返覆送醫、出院的日子，我只希望母親的情緒穩定不要倒下。我把所有的問題簡化，抹去一切衝突。鼓勵母親多出去跟姐妹淘聚會散心，不要用自己做事的標準來要求外傭。但家有重症病人的氛圍當然不會是愉悅的。即使如此，我仍然不曾想過把父親送去機構。

眾生皆苦，每個人都一樣。如果有矛盾，必然是制度造成的。我們可以用不動產交易為例子，因為涉及高額的資金交易，必然有很多詭譎技倆出現。杜絕的方法就是對仲介業的管理以及仲介業的自律。輔以定型化契約、代書證照、信託制度的建立，近年來不動產交易的弊端越來越少，完成交易的速度與信用度越來越好。為什麼一樣有仲介居間的外籍人力市場問題不但沒有解決反而一年比一年嚴重？這當然是制度面出了問題而且長期沒有解決，才會漏洞百出！

　　首先是官員的思維，畢竟「勞動部」從設立之初就是為了保護勞工權益，從沒站在雇主的角度思考問題。但是失能者家庭僱用外籍勞工，經常是「弱弱聘僱」。缺乏法律常識與尋求公權力救助經驗的弱勢雇主，本身就是勞工，更是勞動部要協助扶持的那一方。如果勞動部只會關心外勞人權，對合約履行的義務視若無睹，甚至一直製造移工要求轉工的破口與誘因，國人的長照悲歌將會一直傳唱不止！

【結語】

杜絕重症跳板

　　過去勞動部提供的報告指出，外籍看護逃逸的理由多為薪資低，但從2022-2023年的逃逸外勞統計數據顯示（表三），**工資較高的產業類移工，已佔逃逸外勞總數的64％，證明逃逸外勞主要因勞動力市場供需不均衡所致。堵漏當然有方法，最根本的方法就是疏通，全面開放產業及家庭類移工，透過消除因缺工及聘僱移工不易所造成的黑工市場，恢復正常外籍勞動力的供需。**讓有人力需求的所有工廠、

大小店家、個人工作坊與家庭都能合法雇工，並配合強力查緝非法黑工，以嚴格的罰則增加逃逸阻力，讓非法外勞無處可去。解決了黑工，讓勞動市場上軌道，如此聘僱來台的家庭類移工就不會想方設法轉換工作類別，因為無路可循。這樣，案例裡的這對夫妻就不會陷於永遠在找工人的黑洞裡。否則不管再怎麼審慎聘僱，誘因放在那裡，會一直向重症外籍看護工招手，「重症成跳板」的問題只會越來越嚴重，以至於最需要穩定照護人力的重症、失能、失智的病人，會一直被犧牲。

善用短照與長照

另外，勞動部應修改規定，縮短任何原因造成的照護空窗期，將家庭看護納入衛福部長照制度的訓練及聘僱規範內，保障失能、失智、身障者的受照護權及基本人權。目前勞動部提供短期照護（短照）再配合衛福部的長照制度（長照），申請台籍照服員到府服務，可以做為遇到外籍看護休假或逃逸導致的照護空窗期時，暫時解決人力缺口的方式。但長照及短照中居服人員，因其不過夜及服務時間的限制，對有較長時間照護及陪伴需求的重症、失能者，仍然無法提供穩定的照護人力。衛生福利部及勞動部共同推動「聘僱外籍看護工家庭使用擴大喘息服務計畫」，已放寬長照服務對象，**因此民眾遇到照護問題，在周一到周五上班時間，撥打1966長照專線，或親洽各縣市政府長期照護管理中心，即可諮詢照護人力的安排。**

選擇適合的移工

但有全日照護或密集照顧需要的受照護者，仍多以聘僱外籍看

護爲主，而目前台灣引進的外籍看護工，以印尼籍爲主，另有越南及菲律賓籍的看護可供選擇。勞動部並公告將於2023年年底，與印度簽定備忘錄，成爲台灣自2004年開發蒙古爲新的勞動力引進國後，新的移工來源。由於家庭看護工，在台工作期間的生活起居都深入台灣人家庭，因此受照護者及雇主，對外籍看護的文化、習慣等，都需有基本的瞭解。移工個體存在差異，必須經過長時間相處、彼此給磨合空間，才能有良好的聘僱關係。在選擇看護的國籍，主要考量其生活習慣與溝通方式。能與英語溝通的雇主，可以選擇菲律賓看護，但其勞工意識較高且較無意願學習中文及台語；而越南籍與印尼籍看護，初次來台者溝通會是問題，但可以透過智慧型手機的翻譯軟體，以及仲介提供的翻譯服務，解決語言溝通的障礙。越南籍可以食用豬肉，但印尼看護多爲回教徒，不吃豬肉外，有的需要定時拜拜。但通常雇主能跟看護事先溝通，其飲食及宗教活動，不應影響受照顧者爲原則。比如，病人需要餵食、拍痰等照護的時間，若與其宗教活動相衝突，應以照護病人爲主。而印度爲首次引進的移工來源，國人對印度文化與習慣的瞭解尚缺乏，是否印度移工將包含家庭類尚在未定之天，但若有印度看護的聘僱選項，也必須先瞭解其飲食習慣，比如吃素、不吃牛肉、用右手抓取食物、搖頭表示ok等。**建議勞動部應參考香港、新加坡的作法，必須積極開發多個勞動力引進國，甚至開發非洲的勞動力，才能在開放移工數量及申請資格時，眞正補足短缺的人力。**

圖一、失聯移工在台人數（未查緝）統計表

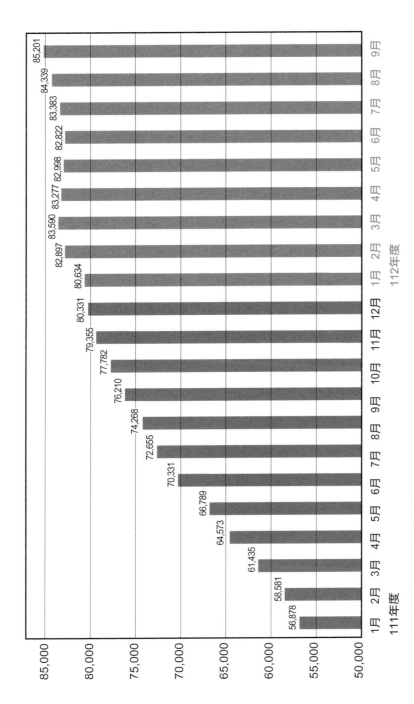

數據來源：內政部移民署網站

4 悲傷強迫成長，失去帶來啟發

受訪雇主因為母親緊急開刀住院，接著面臨到術後復原，於是從醫院的加護病房到護理之家，為了獲得照護而輾轉波折。媽媽倒下時，幾個兄弟姐妹手忙腳亂，加入各種長照資訊、本國與外籍看護等照護資訊的社團，試圖從混亂訊息中找到與媽媽類似情況的處理方案。對他們一家人而言，「好的照顧」不僅是陪伴，更需要有「專業支持」，讓媽媽重拾生活能力。受照顧者每天身體情況的變化，如體溫、血壓、化痰拍痰、服藥，都需要認真記錄，但外籍看護卻發生多天沒記錄血壓、直到看醫生前才一次補上，或者化痰完之後不固定拍痰等看似小事、卻可能嚴重影響受照顧者健康的狀況。雇主無奈的說：「自己每天盯著看，好像家中多了一個小孩要照顧一樣，彼此溝通無效，但若換掉該名看護工，可能又要面對兩、三個月的等待期，只能不斷與仲介、翻譯、外籍看護來回溝通」（天下雜誌，2020）。

張妲燕老師　　*Heidi*

生病的人，有沒有樂觀的權利？主要照顧者，有沒有喘息的機會？我實在沒有把握這些答案會有多正面，雖然在照護的路上常把「加油」、「不要擔心」、「放下」等勵志口號掛在嘴上，但癌症病人面對癌細胞轉移的癌痛，或是化療、電療、手術等這些至親摯愛都無法代替承受的治療過程，夜深人靜時，也知道自己不過是假裝堅強。而比如面對像失智這樣不可逆的疾病，明知道不會好，在死神來臨前，也只能拒絕倒下，強迫自己不要忘記呼吸、保持微笑，因為主要照顧者一旦倒下，病人怎麼辦？

這幾年來，長照制度與新穎的養護機構，帶來照護的一線曙光，雖微弱，但在原本闃黑一片的照護困境，總算讓照護人力有其他的選擇。但不管是送機構、聘僱外籍看護或台籍看護，甚至透過長照聘僱照服員，家裡有老人、病人要照護的我們，必須具備一項能力：**與來來去去的照護人力溝通並培養信任感**，而這是一個非常困難的任務，因為最難管理的，就是「人」。送去機構照護，也要機構願意收，而品質好一點的養護機構，費用高且一位難求。有一段時間，因為照顧不來，且聽了長輩的建議，不該把自己的人生犧牲在照護上，於是開啟了到處尋找適合當時已「中重度」失智的父親，能獲得妥善照護的地方。沒課的時間，開著車，從高雄市區看到岡山，再從岡山看到屏東及台南，甚至連遠在台北的優質養護中心，都去抽了號碼牌。

「送機構」也只是一個選項，在此同時也不放棄找好的仲介，期能聘僱到穩定且優質的外籍看護。但外籍看護引進曠日廢時，於是也使用台籍照服員，跟個管師、照護單位的主管，溝通我們的照護期待。這所有照護人力選項的物色過程，**溝通是關鍵，但往往主管答應**

的條件，到執行照護的人身上，又不一樣，越重症的病人，越常被丟包，照護人力最不穩定。就算媒合照護人力的「照顧服務勞動合作社」每天都會調來照護人力，但面對這些最熟悉的陌生人，每個人的個性、習性、照護專業、工作價值觀等，也都不同，身為家屬或病人，也只能選擇信任，在照護的過程中，彼此磨合、接受，並把自己的家，作為教育訓練的場域。

　　每個家庭對病人、老人的復能及生活品質的要求不盡相同，而每個提供照護的看護工、照服員、仲介及照專，其實也有很大的差異。提供照護的人可以選擇不做，畢竟在照護人力不足的情況下，「不做最大」。但病人跟家屬，卻往往沒有選擇倒下或是不照護的權利，遇到不好的看護，若再勉強下去，病人跟家屬都有生理或心理受傷的危險時，也得趕緊換人。但有時候也不得不放下堅持，放過自己也放過別人，畢竟照護的路程很長，就像飛機起飛前逃生影片中的提醒，「遇到危險或缺氧緊急的狀況，要先讓自己戴好氧氣面罩，再幫助身旁的老弱及幼童」。照護家人，長期伴隨著自責、焦慮、失眠等種種壓力折磨，**別忘了多愛跟關心自己，畢竟因為「愛」，我們才會更有力量。**

童文薰律師 *Winifred*

承擔，不僅是選擇，是因爲愛。這裡的「愛」不僅是對親人，也是對自己。因爲知道罪惡感是最折磨自己的情緒，我選擇沒有罪惡感的道路。這些年來我沒有後悔，只有滿滿的感激。

我也曾想過，如果那些年我沒有把父母接來同住，我與外子的人生會不會不同？我們會有更多的時間去旅行，去享受人生嗎？還是會不時想起爸媽的情況，甚至在爸媽選擇燒炭自殺的噩夢中醒來？

我最怕的是承擔照護重責的母親，如果不堪負荷，會不會走絕路？因愛殺人的悲劇有沒有可能變成我家的故事？我家的悲劇會不會成爲一日新聞之後永遠無法從網路下架？是的，我是個想很多、想太多，總是預做一切準備的人。爲了不想折磨自己，我寧可爸媽每天都在身邊，看看得到摸得著，外籍看護也不敢怠工。

我從未在家中裝設錄影裝置，因爲即使請了看護人力，不管是台籍或者是外籍，家人的照護責任並未卸除，對於這些人的工作都得監督，不能放任。

問題在於家有重症者的聘僱方，在職場上未必有監督他人工作的經驗與能力，於是也不懂如何指揮別人做事或驗收其工作成果。這些都需要學習。但是我們的政府只會向這些弱勢的雇主收取「就業安定基金」，香港早就不對家庭類幫傭的雇主收取這種費用，因爲現實擺在眼前，這類工作既不會對本地勞工產生排擠作用，就沒有向雇主收取就業安定費的道理！

至於已經收取的累積的基金，更應該用在雇主身上。第一、應訓練看護工的看護專業能力。第二、應訓練雇主的管理能力。第三、應促進勞雇雙方的和諧。

過去台灣的就業安定基金被勞動部視為小金庫，成為政黨私相授受的活動經費來源，或者以「人權」為藉口，被用於教導外籍勞工如何爭取合約以外的休假，甚至用來安置違約的勞工，卻從來沒有用在上述三項更迫切的項目上。

　　如果我與姮燕不是因為切身之痛，也未必會花時間去瞭解這裡面的種種問題。畢竟每一個失能者家庭都是一個沉重的故事，我們有多寬的肩膀能承載這些故事？

　│　第一章　│　人生沒有絕對的好事，也沒有絕對的壞事

　　所有的事情都需要學習。人們都是做了父母之後才學會做父母，人們也都是遇到長照問題才開始學習照護以及如何尋求幫助。政府的職能在於讓這樣的學習過程更有人性、更溫暖以及更平順。我們建議勞動部——

　　（一）停止對聘僱外籍看護工的重症者收取「就業安定費」

　　（二）給予聘僱外籍看護的家庭免費法律諮詢扶助

　　（三）提供聘僱者管理看護工訓練課程與協助

　　巴氏量表由專業醫生評估，因此可以根據其評估的重症等級，當做給予雇主福利、補助的標準。例如聘僱外籍看護不用繳交就業安定費，或是費用補助認定的評量文件。

　　聘僱外籍勞動力之雇主所繳交之「就業安定費」，乃依《就業服務法第42條》規定，為保障國民工作權，聘僱外國人工作，不得妨礙本國人之就業機會、勞動條件、國民經濟發展及社會安定，故《就業服務法第55條》另規定，雇主聘僱移工應繳納就業安定費，作為加強辦理有關促進國民就業、提升勞工福祉及處理有關外國人聘僱管理事務之用。

　　但聘僱家庭看護的家庭，全數為家有失能、失智、重症、身障者的相對弱勢而有照護需求的家庭，每月皆須繳交就業安定費2千元。可以免繳的條件很嚴苛，必須外籍看護工的雇主或被看護者，符合社會救助法列冊之低收入戶或中低收入戶、依老人福利法授權訂定之中低收入老人生活津貼發給辦法領有老人生活津貼者，或依身心障礙者權益保障法授權訂定之身心障礙者生活補助費發給辦法規定低收入

戶、中低收入戶或家庭總收入及財產符合標準領有生活補助費者，才得免繳就業安定費。從最近五年的統計資料可知，每可年以免繳的人數僅一萬多人（參見附表三）。

這是因為《社會救助法》對於「低收、中低收入戶」的判定標準，除了依據家中每人每月生活費之外，還會算上家中每人所擁有的不動產價值；因此，即便可支配所得已經低於最低生活費，若擁有房子，就很難被列為低收、中低收入戶。因此許多聘僱外籍看護的重症、失能者，因為尚有房可住，縱使可支配所得低於最低生活費，仍舊得繳交就業安定費，甚不合理。

我們認為應修改規定，讓聘僱外籍看護的雇主，皆免繳就業安定費，減輕失能者家庭的負擔，並增加他們獎勵外籍看護工的空間，穩定移工留任的意願。

就業安定基金應該用於促進國人福祉

另一個問題是這些由雇主所繳交的就業安定費，應該如何運用？依據《就業安定基金收支保管及運用辦法》辦理，就業安定費為稅收收入，目前已高達400億，並由29人成立的「就業安定基金管理委員會委員」來管理，主任委員由勞動部長兼任，其他委員也都由勞動部自己「聘任」。這種球員兼裁判可以隨意運用鉅額經費的辦法，讓就業安定基金成為執政者的小金庫。只要名目掛上「勞工」、「訓練」兩詞，動輒撥給千萬甚至上億的金額。

不僅執政者濫用款項，甚至印尼駐台辦事處亦能領走基金！從我們查到的資料顯示，近十年來，就業安定基金被「安置外籍勞工」的私人安置中心請領走五億台幣（參考表四至表十二）。民間安置中心

因勞僱糾紛獲得安置移工的鉅額收入，這裡產生極高的道德風險，增加其誇大甚至製造勞僱糾紛的誘因。而且每日安置費用過高，又不區分有過失甚至刑責的移工，一律使用就安基金委由外包單位安置，甚不合理。

相比之下，繳納就業安定基金的雇主卻鮮少受惠。

我們認勞動部應從該基金提供經費，讓外籍看護在其母國就得到疾病照護訓練，且係針對其合約雇主所需的照護類型。前述訓練除加強外籍看護的照護技能外，也可用來提供聘僱移工的雇主教育訓練，增加雇主的管理能力。

許多家有重症、失能、失智者的家庭，常是「被外籍看護選擇的一群」，就業安定基金應該用來補助有意願及能力照護重症的看護，依據受照護者的重症程度，提供看護不同等級的薪資。

綜上，聘僱外籍看護，乃因我國缺乏足夠的照護人力，這些失能者家庭不應繳交就業安定費。而就業安定基金的運用應妥善監督、運用與管理，宜納入國庫由國會監督，方法與其他政府預算並無任何不同。期待這筆由雇主繳納的基金能用在減少國人的痛苦，讓每個人都能夠幸福終老。

表三、聘僱外籍看護每月能免繳納2千元就業安定費者只包括低收入戶、中低收入領有老人生活津貼、領有身心障礙生活補助津貼與低收入戶四類，但每期免繳者僅約1萬人，僅占總聘僱外籍看護的重症約5%

計算單位：人次

期別	免繳納身分別	低收入戶	中低收入領有老人生活津貼	領有身心障礙生活補助津貼	中低收入戶	小計
2019第1期(1-3月)	雇主	34	21	16	4	75
	被看護者	2,149	4,263	6,920	1,116	14,448
	合計	2,183	4284	6936	1,120	14,523
2019第2期(4-6月)	雇主	29	20	23	2	74
	被看護者	1,884	4,343	7,368	969	14,564
	合計	1,913	4363	7391	971	14,638
2019第3期(7-9月)	雇主	39	21	23	4	87
	被看護者	2,215	4,314	7,120	1,129	14,778
	合計	2,254	4335	7143	1,133	14,865
2019第4期(10-12月)	雇主	33	22	28	3	86
	被看護者	1,888	4,470	7,747	999	15,104
	合計	1,921	4492	7775	1,002	15,190
2020第1期(1-3月)	雇主	48	24	27	3	102
	被看護者	1,887	4,413	7,373	989	14,662
	合計	1935	4437	7400	992	14,764
2020第2期(4-6月)	雇主	45	23	19	3	90
	被看護者	1,798	4,166	7,099	943	14,006
	合計	1,843	4,189	7,118	946	14,096
2020第3期(7-9月)	雇主	39	22	25	3	89
	被看護者	1,705	4,107	7,121	912	13,845
	合計	1,744	4,129	7,146	915	13,934
2020第4期(10-12月)	雇主	40	24	27	4	95
	被看護者	1,650	4,062	7,034	875	13,621
	合計	1,690	4,086	7,061	879	13,716
2021第1期(1-3月)	雇主	46	19	23	5	93
	被看護者	1,931	3,727	6,150	1,001	12,809
	合計	1,977	3,746	6,173	1,006	12,902

計算單位：人次

期別	身分					合計
2021第2期 (4-6月)	雇主	44	18	26	8	96
	被看護者	1,800	3,591	5,901	876	12,168
	合計	1,844	3,609	5,927	884	12,264
2021第3期 (7-9月)	雇主	33	14	34	7	88
	被看護者	1,461	3,541	6,030	741	11,773
	合計	1,494	3,555	6,064	748	11,861
2021第4期 (10-12月)	雇主	33	11	33	7	84
	被看護者	1,385	3,439	5,929	724	11,477
	合計	1,418	3,450	5,962	731	11,561
2022第1期 (1-3月)	雇主	33	14	34	7	88
	被看護者	1,461	3,541	6,030	741	11,773
	合計	1,494	3,555	6,064	748	11,861
2022第2期 (4-6月)	雇主	47	15	20	4	86
	被看護者	1,632	3,085	5,105	765	10,587
	合計	1,679	3,100	5,125	769	10,673
2022第3期 (7-9月)	雇主	48	15	19	4	86
	被看護者	1,546	3,048	5,165	769	10,528
	合計	1,594	3,063	5,184	773	10,614
2022第4期 (10-12月)	雇主	46	14	25	3	88
	被看護者	1,543	3,150	5,427	810	10,930
	合計	1,589	3,164	5,452	813	11,018
2023第1期 (1-3月)	雇主	56	12	19	7	94
	被看護者	1,790	3,196	5,208	875	11,069
	合計	1,846	3,208	5,227	882	11,163
2023第2期 (4-6月)	雇主	49	11	28	3	91
	被看護者	1,688	3,225	5,298	849	11,060
	合計	1,737	3,236	5,326	852	11,151

註1：就業安定費每三個月辦理收繳，統計數據採每季計算免繳納就業安定費之雇主數，並依其免繳納資格，分別以低收入戶、中低收入戶、領有身心障礙者生活津貼及領有等4種身分統計，尚無其他免繳納就業安定費之資格。

註2：符合條件之雇主（包括家庭看護、家庭幫傭、產業移工、產業類、農業等類別），所繳交之就業安定費安定基金分別為：2020年新臺幣201億元、2021年計198.16億元、2022年計194.64億元、2023年度截至9月計108.45億元。

註3：根據勞動部及立委辦公室資料整理（@2023）。

表四、移工獲得安置的流程皆為「先安置後調查」，2017年至2021年申請外國人臨時安置費用逾一千萬元的單位有七個，其中又以最常製造勞資糾紛的群眾協會協會為首，每年請領安置費用約一千萬元。

費用單位：元（新台幣）

排序	安置單位	2017 人次	2017 費用	2018 人次	2018 費用	2019 人次	2019 費用	2020 人次	2020 費用	2021 人次	2021 費用	人次總計	費用總計
1	社團法人桃園市群眾服務協會	396	783萬3,750	386 (1)	807萬7,000 (5萬9,500)	421 (1)	821萬0,000 (1萬3,750)	555 (2)	1,001萬5,250 (1萬3,500)	543 (6)	1,158萬9,750 (44萬5,000)	2,301 (10)	4,572萬5,750 (53萬1,750)
2	社團法人台灣國際勞工協會	315	621萬9,000	242	452萬7,500	236	480萬1,000	234	426萬5,000	255	519萬5,250	1,282	2,500萬7,750
3	財團法人台灣省天主教會新竹教區（越南移工移民服務公室）	337	685萬7,000	416	403萬5,500	206	412萬2,500	199	352萬2,250	161	303萬500	1,319	2,156萬7,750
4	財團法人台灣省天主教會新竹教區（移民及移工服務中心）	174	335萬8,750	156	323萬3,750	189	384萬5,500	164	316萬6,750	218	484萬3,500	901	1,844萬8,250
5	財團法人台灣省天主教會新竹教區（希望職工中心）	195	448萬8,500	35	74萬2,000	113	194萬9,250	111	218萬6,500	132	350萬4,750	586	1,287萬1,000
6	駐臺北印尼經濟貿易代表處	138	263萬4,500	166 (1)	288萬6,750 (6萬1,000)	132 (1)	241萬6,250 (6,000)	114	202萬5,000	164 (1)	318萬250 (5,000)	714 (3)	1,314萬2,750 (7萬2,000)
7	社團法人彰化縣國際勞工關懷協會	153	273萬7,750	120	228萬2,250	130	229萬6,000	79	132萬5,750	70	148萬750	552	1,012萬2,500

註1：移工臨時安置之理由包括等待轉換雇主或資遣、關廠歇業或負責人行蹤不明、勞資爭議、雇主不當對待、遭性侵害、性騷擾、人身侵害等。
註2：括號內為隨同安置之未成年子女安置人次及費用。
註3：根據勞動部及立委辦公室資料整理（@2023）。

費用單位：元（新台幣）

表五、以勞力剝削、性剝削、勞力與性雙重剝削之人口販運被害為由請領勞動部安置補助每年約一千萬，移工未成年子女亦可請款一同安置

排序	安置單位	2017		2018		2019		2020		2021		人次總計	費用總計
		人次	費用	人次	費用	人次	費用	人次	費用	人次	費用		
1	社團法人台灣萬人社福協會	29 (3)	258萬3,183 (5萬7,750)	16 (2)	330萬2,324 (21萬750元)	2	158萬8,019 (6,750)	6	106萬7,400	47	174萬3,500	100 (5)	1,028萬4,426 (28萬2,000)
2	駐臺北印尼經濟貿易代表處	23	97萬6,249	20 (1)	134萬2,701 (6萬7,750)	2	98萬7,000 (13萬4,250)	10 (2)	75萬3,238 (5萬4,750)	10 (1)	155萬1,250 (41萬2,000)	65 (4)	561萬438 (66萬8,750)
3	社團法人桃園市群眾服務協會	24 (1)	279萬4,271 (12萬5,500)	3	113萬2,500 (7萬2,750)	4	78萬7,000	1	37萬7,500	1	18萬2,500	33 (1)	527萬3,771 (19萬8,250)
4	財團法人台灣省天主教會新竹教區（越南移工移民辦公室）	4	42萬6,000	3	58萬6,000	6	8萬9,550	10	40萬750	9	281萬7,500	26	431萬9,800
5	財團法人台灣省天主教會新竹教區（移民及移工服務中心）	2	114萬8,590	4	48萬404	3	61萬8,832	5	39萬8,744	0	74萬整	17	338萬6,570
6	財團法人勵馨社會福利事業基金會	20 (2)	19萬8,229 (14萬9,750)	8	8萬5,425 (3萬7,500)	3	21萬1,032	15	58萬9,000	5	133萬9,708	51 (2)	242萬3,394 (18萬7,250)
7	財團法人台灣省天主教會新竹教區（希望職工中心）	4	79萬930	7	99萬2,050	0	31萬150	0	0	0	0	11	209萬3,130

註1：括號內為隨同安置之未成年子女安置人次與費用。
註2：根據勞動部及立委辦公室資料整理（@2023）。

表六、安置單位2019年至2023年申請外國人臨時安置與人口販運安置請領補助費用總計約1億5千萬，傷害勞資和諧請造利潤，有道德風險

費用單位：元（新台幣）

安置單位	安置理由	2019年	2020年	2021年	2022年	2023年	總計
社團法人桃園市群眾服務協會（包括中壢、中壢二分部、內壢分部、鄉鎮分部等四處）	臨時安置	821萬	1,001萬5,250	1,158萬9,750	1,220萬4,250	980萬1,500	5,182萬750
	人口販運安置	0	16萬7,500	18萬2,500	27萬5,750	18萬1,500	80萬7,250
財團法人台灣省天主教會新竹教區（包括天主教希望職工中心、移民署移工服務中心、八德越南移工移民辦公室、桃園越南移工移民辦公室等四處）	臨時安置	991萬7,250	887萬5,500	1,137萬8,750	895萬1,000	718萬5,750	4,630萬8,250
	人口販運安置	101萬8,532	79萬9,494	355萬7,500	314萬4,250	334萬6,641	1,186萬6,417
社團法人台灣國際勞工協會	臨時安置	480萬1,000	426萬5,000	519萬5,250	647萬4,250	489萬5,500	2,563萬1,000
	人口販運安置	40萬9,510	15萬1,612	9萬9,000	20萬2,065	1萬3,000	87萬5,187
駐臺北印尼經濟貿易代表處（包括中壢、高雄、瑞慶、台中等四個分部）	臨時安置	241萬6,250	202萬5,000	274萬2,850	164萬2,250	203萬5,750	1,086萬2,100
	人口販運安置	97萬1,500	75萬3,238	155萬1,250	25萬450	9萬2,246	361萬8,684
社團法人台灣萬人社福協會	臨時安置	99萬0,750	89萬3,250	28萬6,750	35萬3,500	71萬8,750	324萬3,000
	人口販運安置	138萬5,269	106萬7,400	174萬3,500	247萬9,910	38萬1,250	705萬7,329
社團法人彰化縣國際勞工關懷協會	臨時安置	229萬6,000	132萬5,750	148萬750	121萬8,250	73萬4,500	705萬5,250
	人口販運安置	33萬4,000	17萬5,320	0	0	0	50萬9,320
新北市政府外籍勞工庇護中心	臨時安置	48萬3,950	93萬1,000	72萬7,750	75萬4,000	16萬9,250	306萬5,950
	人口販運安置	21萬1,032	58萬9,000	133萬9,708	31萬21	5萬7,192	250萬6,953
移民署南投庇護所	臨時安置	3,750	2萬7,750	1,000	0	9,500	9,500
	人口販運安置	0	0	0	0	7萬5,450	10萬7,950
桃園市勞動局外國籍婦幼安置中心	臨時安置	0	0	0	2萬2,300	0	2萬2,300
	人口販運安置	0	0	0	0	0	0
台灣外籍在台關懷協會（108年底停止營運）	臨時安置	1萬5,750	0	0	0	0	0
	人口販運安置	0	0	0	0	0	0
其他安置單位（註）	臨時安置	284萬5,750	0	0	0	0	284萬5,750
	人口販運安置	0	0	0	0	0	0
總計	臨時安置	3,197萬6,700	2,833萬750	3,340萬1,850	3,161萬9,800	2,555萬500	1億5,087萬9,600
	人口販運安置	433萬3,593	373萬1,314	847萬4,458	666萬2,446	414萬7,279	2,734萬9,090

費用單位：元（新台幣）

表七、2017年至2021年全台與勞動部請款安置外籍勞工的單位共15個，包括天主教團體及印尼駐台辦事處都可以請款安置外勞

排序	單位	臨時安置總金額	人口販運安置總金額	兩類安置加總
1	社團法人桃園市群眾服務協會（鶯歌、內壢、中壢、中壢二分部）	46,257,500	5,472,021	51,729,521
2	社團法人台灣國際勞工協會	25,007,750	1,981,570	26,989,320
3	財團法人台灣省天主教會新竹教區（越南移工移民辦公室）	21,567,750	4,319,800	25,887,550
4	財團法人台灣省天主教會新竹教區（移民及移工服務中心）	18,448,250	3,386,570	21,834,820
5	駐臺北印尼經濟貿易代表處（中壢、高雄、瑞慶、台中）	13,214,750	6,279,188	19,493,938
6	財團法人台灣省天主教會新竹教區（希望職工中心）	12,871,000	2,093,130	14,964,130
7	社團法人台灣萬人社福協會	3,860,000	10,566,426	14,426,426
8	社團法人彰化縣國際勞工關懷協會	10,122,500	1,145,570	11,268,070
9	財團法人勵馨社會福利事業基金會	2,893,950	2,610,644	5,504,594
10	財團法人天主教會慈善福利基金會	2,693,150	2,069,778	4,762,928
11	財團法人天主教耶穌會台北新事社會服務中心	2,387,750	1,845,379	4,233,129
12	社團法人台灣勞工權益關懷協會	3,948,925	199,852	4,148,777
13	社團法人中華民國促進勞動力品質發展協會	1,607,350	487,900	2,095,250
14	社團法人臺中市勞權關係協會	311,850	211,150	523,000
15	台灣外籍在台關懷協會（108年底停止營運）	—	—	—

註1：除以上安置單位結報跟勞動部請款項外，勞動部另有補地方主管機關辦理外國人安置業務，每年約兩千萬，不含在此表內。
註2：根據勞動部及立委辦公室資料整理（@2023）。

表八、2010年至2023年年安置經費支出

費用單位：元（新台幣）

年份	外國人臨時安置經費	人口販運被害人安置經費	合計
2010年	1,597萬8,950	2,559萬2,399	4,157萬1,349
2011年	2,092萬2,591	2,714萬4,470	4,806萬7,061
2012年	1,836萬5,000	3,522萬8,539	5,359萬3,539
2013年	1,852萬5,250	3,134萬8,936	4,987萬4,186
2014年	1,825萬1,750	3,067萬503	4,892萬2,253
2015年	2,692萬3,000	1,882萬7,610	4,575萬610
2016年	3,182萬7,000	1,475萬3,523	4,658萬523
2017年	3,646萬8,089	1,255萬3,758	4,902萬1,847
2018年	2,819萬1,625	1,118萬614	3,937萬2,239
2019年	3,169萬8,000	684萬5,234	3,854萬3,234
2020年	2,807萬750	372萬1,834	3,179萬2,584
2021年	3,331萬335	749萬3,560	4,080萬3,895
2022年	3,161萬9,800	666萬2,446	3,828萬2,246
2023年	2,555萬500	414萬7,279	2,969萬7,779
總計	3億4,333萬7,855	1億9,698萬4,442	5億4,032萬2,297

註1：2019年後的數據根據勞動部2023年10月提供給立委辦公室資料更新。
註2：根據勞動部及立委辦公室資料整理（@2023）。

表九、移工接受安置，全部皆為「先進行安置後再進行調查（先安置後調查）」，若查證後與原安置原因不符合仍舊得請款，等待轉換雇主會遣返尔可接受勞動部補助安置，佔安置原因最大宗

安置種類	安置原因	占臨時安置人數比率(%)	2010-2021年安置總金額
移工臨時安置	等待轉換雇主或遣返	44.91	3億853萬2,340
	關廠歇業或負責人行蹤不明	5.37	
	檢舉或其他原因等勞資爭議	40.62	
	雇主不當對待	1.80	
	遭性侵害	1.79	
	遭性騷擾	2.27	
	遭人身侵害（性侵害、性騷擾外）	2.60	
	小計	100.00	
人口販運被害人安置	勞力剝削	74.60	2億2,536萬980
	性剝削	23.45	
	雙重剝削	1.95	
	小計	100.00	
	總計		5億3,389萬3,320

註1：根據勞動部2021年提供給立委辦公室資料整理（@2023）。

表十、移工接受安置都先進行在調查原因，但連被遣返、等待轉換雇主都可從勞動部的就業安定基金請款補助安置，五年光是安置的費用就達1.5億

安置種類	安置原因	占臨時安置人數比率(%)	2019-2023年安置總金額
移工臨時安置	檢舉或其他原因等勞資爭議	61.40	1億2,788萬4,660
	等待轉換雇主或遣返	18.70	
	關廠歇業或雇主負責人行蹤不明	8.00	
	雇主不當對待	7.30	
	人身侵害	3.50	
	職業傷害	1.10	
小計		100.00	
人口販運被害人安置	勞力剝削	70.00	2,734萬9,090
	性剝削	21.60	
	雙重剝削(性剝削及勞力剝削)	8.40	
小計		100.00	
總計			1億5,523萬3,690

註1：本表為勞動部最新資料，數據為2019年至2023年9月。
註2：根據勞動部及立委辦公室資料整理（@2023）。

表十一、近五年因受待雇主、等待遣返、勞資爭議、勞力剝削等原因安置的移工人次以印尼籍為最大宗，菲律賓次之，約佔該國移工總數約0.1%

安置年份 國籍	移工臨時安置						人口販運被害人安置						總計
	印尼	泰國	菲律賓	越南	其他	小計	印尼	泰國	菲律賓	越南	其他	小計	
2019	464	77	471	296	0	1,308	42	0	4	11	0	57	1,365
2020	498	5	270	244	0	1,017	36	0	10	31	0	77	1,094
2021	475	13	273	170	0	931	63	0	0	51	0	114	1,045
2022	429	39	235	154	0	857	11	0	5	11	1	28	885
2023	344	12	157	144	0	657	9	1	2	46	0	58	715
總計	2,210	146	1,406	1,008	0	4,770	161	1	21	150	1	334	5,104

註1：本表為勞動訊最新資料，數據為2019年至2023年9月。
註2：根據勞動部及立委辦公室資料整理（@2023）。

單位：元（新臺幣）

表十二、勞動部另案補助地方主管機關辦理外國人安置業務，加上既有的各勞團補助金額，每年以就業安定基金花在安置有爭議外勞金額可觀

縣市	項目	勞動部就業安定基金補助地方主管機關辦理外國人安置業務結報請款					合計
		2019	2020	2021	2022	2023註1	
臺北市	委託安置單位	財團法人天主教耶穌會台北新事社會服務中心	財團法人天主教耶穌會台北新事社會服務中心	財團法人天主教耶穌會台北新事社會服務中心	財團法人天主教耶穌會台北新事社會服務中心	財團法人天主教耶穌會台北新事社會服務中心	1,863萬3,812
	補助安置經費	427萬7,294	422萬8,618	388萬7,800	379萬6,900	244萬3,200	
新北市	委託安置單位	財團法人勵馨社會福利事業基金會	財團法人勵馨社會福利事業基金會	財團法人勵馨社會福利事業基金會	財團法人勵馨社會福利事業基金會	財團法人勵馨社會福利事業基金會	2,824萬7,470
	補助安置經費	577萬2,031	645萬132	672萬1,017	657萬8,548	272萬5,742	
桃園市(外國籍婦幼安置中心)	委託安置單位	—	—	—	財團法人勵馨社會福利事業基金會	無	11萬7,550
	補助安置經費	—	—	—	11萬7,550		
臺中市	委託安置單位	1.社團法人中華民國促進勞動力品質發展協會 2.社團法人臺中市勞雇關係協會	1.社團法人中華民國促進勞動力品質發展協會 2.社團法人臺中市勞雇關係協會	1.社團法人中華民國促進勞動力品質發展協會 2.社團法人臺中市勞雇關係協會	1.社團法人中華民國促進勞動力品質發展協會 2.社團法人臺中市勞雇關係協會	1.社團法人中華民國促進勞動力品質發展協會 2.社團法人臺中市勞雇關係協會	2,137萬3,688
	補助安置經費	483萬7,271	448萬3,598	522萬8,433	491萬7,718	190萬6,668	
高雄市	委託安置單位	1.社團法人台灣勞工權益關懷協會 2.財團法人天主教社會慈善福利基金會	財團法人天主教社會慈善福利基金會	財團法人天主教社會慈善福利基金會	財團法人天主教社會慈善福利基金會	無	1,682萬5,233
	補助安置經費	475萬1,166	509萬4,245	310萬6,049	387萬3,773	0	
合計	補助安置經費	1,963萬7,762	2,025萬6,593	1,894萬3,299	1,928萬4,489	707萬5,610	8,519萬7,753

註1：本計畫每年度分2期進行報（7月份結報1月至6月份經費），故112年請款金額為1期。
註2：補助計畫未分期時安置或人口販運。
註3：本表為勞動部最新資料，數據為2019年至2023年9月

5　沒有完美的幸福，只有我們的幸福

　　意外發生才二十來歲的董小姐，上班途中被前方一台未打方向燈就右轉的轎車，連人帶車拋飛撞上人行道的路桿，造成頸椎第5、6節破碎，其中的脊髓也完全斷開。在性命垂危之際，家人經醫師告知即使康復也會終身癱瘓情況下，一度考慮放棄開刀搶救，但在親友勸說與父母不捨下，最後成功撿回一條命。但脖子以下完全失去知覺，手指無法攤開，吃東西、喝水都需要他人協助，尤其意外剛發生時，父母必須24小時照料。身體健康連帶影響情緒健康，也讓親人間的關係跟著受創，家庭氣氛降到冰點。因為不願意成為父母人生的牽絆，董小姐決定尋求長照資源的幫助，住在家中不進機構，讓照服員照顧起居。但就算是失能程度最高級的第八級，中央每個月會給3萬6千元的補助額度，自付額16%，一個月大約要自付6千多元，但即使將補助用完，她也只能夠請照服員在起床或準備就寢時，進行照護服務，中間這段時間，因為經濟考量、預算有限，無法全天候聘請照服員，她只能獨自待在輪椅上（台視新聞網，2023）。

張妲燕老師　　*Heidi*

　　在照護的路上，有沒有幸福？我覺得有，只要家人還在身旁，就是幸福。這幸福或長或短，不論是在醫院度過的每一個夜晚，還是新冠疫情住院當中一天只能透過視訊講講話的那十五分鐘，甚至是在機構無法陪伴過夜而只能陪伴的幾個小時。對健康且正常的人而言，這看起來是破碎的幸福，但是畢竟陪伴生病的親人，沒有人知道還剩下多少時間能見著面、說句話，只能盡量創造不完美但屬於我們的幸福。正巧我家人遇到的健康問題，都是只能接受疾病進程而無法逆轉的狀況，**面對癌症、失智與腦中風，再怎麼認真復健、服藥，都只能接受這慢慢道別的路途，但轉念一想，何嘗不是種幸福，因為，我們都還有時間，慢慢道謝、道別、道愛。**

　　只可惜，在這慢慢道別的路上，我們還需要解決照護的問題。我們家的人都很宅，喜歡待在家裡，看書、聽音樂、拈花惹草。這樣的習慣卻在母親罹患癌症，而且一發現就是癌末的情況下被迫改變，從發現癌症，到面臨癌細胞移轉而需要開刀，最後到安寧病房的過程，我們全家人，就在家裡與醫院不同的病房中long stay。當時（2009-2011年）因為健保的關係，病房通常最多只能待一個月，而那住院的一個月中，除了請台籍或外籍看護陪伴，每天下課就先回家盥洗，再把電腦跟書，帶到病房中備課，陪伴媽媽到她睡著，病房已經成了我們家第二個客廳，所有訪客，也直接到我們長期住著的單人病房碰面。只要病情危機狀況解除，醫院也不能再續住，我們就開心地收拾家當回家，再等著下次不得已的住院時間。有家可以住，誰想住醫院？醫院的藥水味，加上各種測量儀器的聲響，縱使護理站永遠有可以求助的醫療人員，每個住院卻神智清醒的病人以及家屬，除了眷戀

住院期間獲得心理的依靠及家居短暫的喘息，幾乎都是想回家的。但一旦出院，要去哪裡獲得妥善的照護人力，就開始困擾有照護需求的家庭。

　　癌症病人很少送機構，直到癌末通常就是居家安寧或是在醫院的安寧病房走完人生。而失智病人若有躁動、譫妄的現象，若藥物沒有控制到昏昏沉沉方便照護或是同意「接受約束」，機構也通常不大願意收住民。所以不是每種疾病，都能送機構。以失智症（dementia）為例，病人因為認知功能障礙，常會對四周環境感到茫然，甚至可能連廁所都找不到，所以連最熟悉的家裡，都會成為陌生的環境。因此**照護失智病人，建議在居家空間準備一些可讓長輩得以回憶的「舊時物品」，透過非藥物的「懷舊治療」，用「家」的感覺、老照片、舊物品、熟悉的音樂等刺激，讓失智患者閃爍的記憶，能夠被觸發而維持其情緒與認知機能。**

　　選擇居家照護的原因很多，有的是病人神智清楚能自己選擇的偏好，有的是家人希望能親自照護，有的是家人經濟上無法負擔機構的開銷，有的是機構提供的照護服務無法滿足被照護者或家屬的需求。台灣目前已有長照2.0的照護資源，因此面臨照護需求時，通常能選擇機構式照護（如安養中心、長照型機構、養護型機構、護理之家）、社區式照護（如日間照顧中心、社區照顧關懷據點）或居家式照護（例如居家醫療、居家照護、外籍看護）。但不管選擇哪種方式，**在受照護者還有意識的前提下，應該必須尊重其選擇在哪裏生活、怎麼生活以及和誰生活。**而不管是聘僱外籍看護或照服員到家裡進行居家式照護，抑或送到陌生的住宿型機構或日照中心，受照護者

多少都會感到不安。因此在尋找適合的服務資源時，都**應該與受照護者或是其他家人好好溝通，讓受照護者知道服務內容有哪些，免除其對人或環境的擔心與恐懼，也才能讓照顧雙方都有良好的經驗。**就像現在我父親已經無法透過言語與我們溝通，但只要家裡有客人、有醫護人員到宅提供居家醫療、護理或復建，或是必須要住院，我們都還是會跟父親說明，不管他到底有沒有聽懂。這都是種尊重，一如相信我還在嬰孩時期，父母親把我送去褓姆家或托兒所時，就算我毫無記憶，他們也會跟我講，希望我不要擔心或害怕一樣。對待父母與長輩，「我養你小、你養我老」的實踐，不也是種幸福嗎？

童文薰律師  *Winifred*

「Dining in the Dark」在黑暗中用餐,是很多國家都有的主題式餐廳。這種在黑暗中體會盲人用餐以及僅靠味覺與嗅覺來享用食物,會讓人特別感恩並將味蕾的感受發揮到極致。偶爾我們也有機會參與盲人路跑的陪伴者或者坐在輪椅上體會無障礙空間充滿障礙的痛苦。但這都只是一時的感同身受,我們永遠無法真正體會肢體障礙下,腦部繁忙地運作著,究竟是什麼滋味。

但我們有療癒自己的能力。

很多醫生都說癌症是一種慈悲的絕症,它允許人們慢慢道別。這種說法療癒嗎?如果是中風之後再發生罹癌呢?我父親在中風之後,我們藉由民俗療法拔罐、針灸,一度讓父親可以藉著支撐物自行走路,半夜也能自己起床如廁。那真是最開心的一段日子了。我甚至可以帶著爸媽搭商務艙到美國哥哥家,渡過一個傍晚出門散步,爸媽在路上看到臭鼬,回來說看見「黑白花松鼠」的平靜日子。但好景不常,頻頻血尿的結果驗出父親罹癌。我們面臨一個選擇,要不要治療父親的膀胱癌?開刀可能因為麻醉而使中風問題加重,不開刀則可能死於失血。癌症本身,在他當時已75歲的年齡來說反而不是最致命的問題。

最後我們決定開刀。但他在術後很難恢復之前復健的成果,此後身體機能一路下滑,在他人生的最後8年,因為氣切只能灌食。我母親有潔癖,把他照顧得完全沒有異味,其中的辛苦真的只有身在其中的人明白,不是有看護協助就能動動嘴辦到!

最後幾年父親的意識已經不清楚。有時看著他睜眼，都無辨別他是否能認出我是誰？

但我不會忘記，孩提時他帶著我去衡陽路最貴的眼鏡公司配眼鏡，他給零用錢的寵溺，或者我大學時跟他開始的社會問題爭辯。我知道他以我這個女兒為榮。這些就夠了。報父母的恩情，我不是用「順其意」來做，我用陪伴到最後來做。

為何要在家而不選擇機構？因為我認為這才是「家」存在的道理。「心之所在是為家」，我的心無法放在機構裡。長照不僅是被照顧者的需求而已！

這樣的選擇能得到政府的尊重嗎？

2023年中我與姮燕參加勞動力發展署的一場針對巴氏量表問題的座談，與會的衛福部官員聲稱「機構照顧是我們的政策」，聞之讓人心驚。

我不反對機構照顧，因為每個家庭的條件都不相同，甚至有些人連家庭都沒有，如何居家照護？本章案例的董小姐在條件都不俱足的情況下仍然不願進入機構，她的顧慮是所有必須抉擇者心中相同的疑慮。我們要的不多，足夠的尊重，活得像個人罷了！

讓最弱勢的少數族群都能活得有尊嚴，這樣的社會才說得上是文明社會！

提升照護品質，從訓練外籍看護做起

目前台灣的外籍看護、長照2.0服務屬於雙軌制評估，前者歸勞動部管理，後者屬衛生福利部管轄範圍。長照中提供照護服務的「照護服務員」技能檢定，由勞動部的「職能標準及技能檢定組」制定，而在衛福部的要求下，照服員必須完成固定的訓練、實習與檢定。反觀外籍看護，照顧有較高照護需求患者反而沒有完整的教育訓練及檢核機制，僅被當作勞動力引進。建議將外籍看護的訓練，由衛生福利部訂定標準，再由勞動部進行檢核與聘任。

外籍移工從事照護工作，又將近一半逃逸成為黑工，變成橫跨勞動部、衛生福利部、移民署的業務範疇，因此移工問題之所以難解，往往就卡在公部門的彼此推諉。所以未來，家庭類移工的政策制定，絕對要以「跨部會」研擬的方式，才能讓我們在這塊土地上安心變老。

雇主協會從2020年至2023年，已推動各項政策，促成制度的優化。這幾年的制度有些變化不少，聘僱家庭看護的家庭，應隨時更新最新資訊（圖二）。

必須熟知的政府資源

2018年上路的長照2.0，提供「照顧及專業服務」、「交通接送服務」、「輔具服務及居家無障礙環境改善服務」及「喘息服務」等四項補助，簡稱「長照四包錢」（見附錄七）。**聘僱外籍看護的家庭，也可以同時申請長照「長照四包錢」補助**，其「交通接送服務」，只要失能第四級以上者，依交通遠近補助每月1,680元至2,400元（自負額最高30%），而「輔具及居家無障礙環境改善服務」每三年最高4萬元（自負額最高30%）。但聘僱外籍看護，會限制「照顧

及專業服務」給付額度僅有未聘僱家庭額度的百分之三十，並限用於復能服務、進食與吞嚥照護，營養照護等「專業服務」項目，而不得使用居家服務、日間照顧中心等「照顧服務」項目，但「到宅沐浴車服務」不受此限。另外，聘僱外籍看護工家庭與未聘僱家庭享有一樣的「喘息服務」額度。但在申請流程上，經照管中心評估屬失能程度第7級或第8級者，可直接申請「喘息服務」；其餘聘僱外籍看護工家庭，需於外籍看護工無法協助照顧持續三十天以上，才能申請「喘息服務」。

　　建議聘僱外籍看護的家庭，也要同時申請長照服務，使用「長照四包錢」的福利；而使用長照服務的家庭，若有聘僱外籍看護的需求，只要使用長照6個月以上，無需巴氏量表，即可申請家庭看護工。目前台灣失能、身心障礙家庭有200萬，並不是所有家庭都會聘僱外籍看護工，有的僅需長照服務即可。但若因重度失能、失智，需要聘僱外籍看護，反而因此限制其「長照四包錢」中的「照顧及專業服務」與「喘息服務」的額度，極不合理。

　　目前長照制度把外籍看護與長照的照顧專業服務一刀切，原因在於長照政策設定在「不鼓勵民眾使用移工，而是希望長輩復能，或是回歸社區內照顧」的基礎上。但事實上，聘僱外籍看護的受照護者，也有復能及回歸社區、在家安老的需求跟期待，比如受照護者便能讓外籍看護協助其前往日間照護等處，回歸社區並與社會接軌。因此建議勞動部與衛福部應制定不相衝突的照護人力規劃，並持續增加勞動力引進國（例如已簽約的印度）來補足我國照護人力的不足。

　　更重要的是，如何分配長照資源？本書認為應以重症與否來分配資源，而不是以聘僱外籍看護與否來決定。因為重症者需要的照護程度較高所以失能者家庭萬不得已才會聘用移工，而非這些家庭的條件較好。現行制度剝奪了這些家庭使用完整長照資源的權利，並無任何正當性。

我們的里程碑紀念

近一年來社團法人台灣失能者家庭暨看護雇主國際協會在理事長張姮燕博士、執行長童文薰律師群的努力下，試圖讓外籍看護制度更臻制度完善

10.21.2020 – 08.05.2022
禁止買斷工領出海外零付費政策
偕同友委、勞動合輪、柯文哲等人於上街頭遞交陳情書，反對印尼政府實施的「零付費」移工「零付費」政策，等偽造10個元情用騙偽台籍雇主。

09.24.2021 – 06.08.2022
提案通過公共政策網路參與平臺五千人附議案
「辦理逃逸移工查緝、縮短看護空窗期」獲逃逸移工查緝納入衛福部照顧看護人衛生大缺，失能者的受照護需求，參與國發會招標案、保第一次向台籍雇用勞諮詢說明。

02.09.2021 – 08.27.2021
禁止家庭類移工加工跳槽事傳
籲燕教授投書國際媒體除關係，招募各家眾聘僱工詢、遴提供的資料、請專家律師聯手共同首播、並透過多位立委質詢的勞動部。

03.15.2022 – 06.02.2022
公告外籍看護逃逸無需等待三天即能通報
外勞如有曠職體失聯之帳事、無需等待3日帳事、可立即回報曠職脫隊、司立即通知入出境管理機關及警察機關執行查緝、以縮短逃逸外勞。

11.11.2022 – 04.21.2023
立法院三讀通過修正就業服務法，縮短家庭看護工雇主遞補空窗期一個月
由張姮燕教授提供資料，經立法委員玉醫詢問行政院、網支持縮空窗期、並透過三讀程序，由院版遞補空窗遞補3個月、縮短為1個月。

08.29.2023 – 09.12.2023
巴氏量表「優化」免評，放寬三大族群
張姮燕教授及童文薰律師群與「優化」申請、商會議、中年張以人為本的照看醫看護制度、不該以限年齡流程取消身定疾病、並關放外籍看護、幫解勞缺之苦。

09.12.2023 – 09.14.2023
推動外籍勞工前來原國
張姮燕教授招要移體雁接訪舍牆以主張放寬移工體循資格換、招有曾增的移工需求、呼籲爭取外籍移工來源國、臨即回應新的移工來源國有餘界了、以因應呼籲需品。

09.24.2022 – 05.18.2023
開放外籍家事外勞解照照民工取工
張姮燕教授及童文薰律師群放移工體循資格換、以提高高齡社勞動議、家事取消削少子化問題、護全與年取因職高齡少子化問題、護全民享有善病、努動部提基綢外籍家庭看護申請資格中。

04.28.2023 – 10.27.2023
補陪拜會立法委員反三大黨團、參與公聽會與記者會、改善移工制度
張姮燕教授及童文薰律師群主張、辯庭速修文案律師、亦勞律師移新案件明例庭師律、建立外籍看護工關歷及聘、諮誡、各處市政府在法律案諮詢的評議、各處市政府提供居家庭、家庭看護入境一站式服務、院陪、挖以氏量表成為認識移障病補、助關簡障重症家庭的看護工的標準、等八大訴求。

圖二、雇主協會立程碑，持續為失能重症家庭爭取各項權益

6 　你的健康，是全家人的幸福

　　在外商公司工作、獨自照顧中風父親已有6年的阿中，等了快一年才等來一名外籍看護，但外籍看護來台灣的第一件事，就向他要了一支手機，隔離完到家照料父親後的一個禮拜，看護説要出去買菜，就再也沒回來，阿中下班後才發現中風的爸爸一個人在家。遇到外籍看護抵台沒多久就無預警失聯，根據規定阿中不得馬上申請聘僱，於是阿中拼命找安養機構床位安置父親卻處處碰壁，隨之而來是各種公部門表格填寫，以及等待新外籍看護的漫長空窗期，各式照顧問題讓他心力交瘁。由於新外籍看護遲遲無法抵台，他已辭職在家全職照顧父親，眼看自己存了十多年的房屋頭期款逐漸歸零，更不敢想要結婚生子（今周刊，2021）。

張妲燕老師　*Heidi*

聘僱外籍看護照護家人十幾年來，都由幾個認識的仲介幫忙物色適合的看護，畢竟長期熟識的仲介，因了解家庭的狀況與需求，能媒合出適切（fit）的人，對仲介、看護跟受照護者而言，是個三贏的狀態。每個病人與老人，都是獨立而特別的個體，有著不同的習性，而疾病本身，也有不同的照護方式與技巧。失智病人對環境及人的陌生會讓其躁動與不安，因此若不斷的更換看護，對病人及家屬都是個折磨。而許多重症的人，其照護的困難程度，比如特定的姿勢翻身、洗澡或是換藥，若三天兩頭換新的照護人力，都會增加照護疏失的風險。很可惜，越重症的病人，越常被看護換掉，而無法有穩定又有品質的照護人力。

外勞逃跑了，該怎麼辦？這是我擔任雇主協會顧問及理事長以來，最常被問到的問題。而答案通常都是無奈的「不能怎麼辦」，只能趕緊再付給仲介一筆「買工費」，看是要急就章地在國內承接外籍看護，或是遙遙無絕期地等待從國外引進。可能老天爺要讓我體驗逃逸外勞的實況，所以我們家這十幾年來，遇到三個逃逸外勞。第一個印尼看護，來病房照護我母親，報到不到12小時，就以要離開病房去倒水，而再也沒回來過，而我就算在現場，也看不出任何徵兆，也無法預防外籍看護逃跑。第二個失聯的看護也是印尼籍，照護那時候還沒重度失智的父親，盡心盡力，也跟著我帶著父親旅遊。就在三年工作期滿，仲介要幫他續約的前幾天，他跟一同協助照護父親的台籍看護說要下樓買飲料，就再也沒有回來過。第三個印尼籍看護，也是與我們情同家人（起碼我們是這樣認知跟對待），卻在某月領完薪水的隔天，以出門買東西寄回印尼為由，讓我們等到傍晚都不見人影，擔

心她出事又連繫不到人，確認我們又莫名其妙成為台灣這個「逃逸外勞天堂」的受害者。

諷刺的是，第一個外勞逃逸工作不到12小時就逃逸了，我也無從分析到底發生什麼事，只能推測在醫院有很多非法仲介不斷引誘著合法看護跳槽。第二個看護的逃逸，連老牌仲介都傻眼，不斷跟我道歉他也不明白要續約且已加薪的工人，到底是為何而逃。第三個看護，油條的仲介讓我自己處理從報警到抓到看護的過程，因為視她如家人，她竟然選擇把我父親丟著而逃逸，這樣的殺傷力不僅在於頓失照護人力，更是對人性的失望。這傷害的，是人與人之間的信任，畢竟看護遺棄的是每天朝夕相處、跟我們一起叫「爸爸」的失能老人。

經過這三個逃逸外勞的洗禮，我檢討自己後確認我沒做錯任何事情，包括外籍看護都有足夠且充足的睡眠、飲食、生活空間與薪資，甚至第三個逃逸的印尼看護在回到印尼時還主動傳簡訊告訴我：「你是個好老闆，但台灣太多人在社群媒體或是公園物色，告訴我逃跑的好處」。我也檢討待外籍看護如家人是否錯了？畢竟看護同住一個屋簷下，且願意照護我們至親、摯愛，要當作陌生人，著實困難，但雇主面對朝夕相處的家庭看護，仍須就把外籍看護當員工，並建立職場分際，賞罰分明，才可能避免被軟土深掘。當了十幾年的雇主，我每天都最好外籍看護隨時會逃跑的準備，所以長照資源要先申請，如果哪天外勞又被男友或是同鄉拐跑了，起碼我的父親，有人可以暫時接手白天的照護，而我可以在白天上完課後，回家接手照護工作。面對沒有一日停歇的照護需求，必須「做最好的準備，做最壞的打算」，永遠存款都要再多一筆3萬元的買工費，預備臨時要拿錢聘人。感謝

這三個逃逸外勞給我的人生功課，讓我走上今天幫助更多因為外勞逃逸而面臨「空窗期」懲罰的苦主們。起碼2023年5月起的台灣，遇到外籍看護逃逸的雇主們，只需要等待一個月就能聘僱下一位，且可以在發現移工失聯的當天，就能到警局報案且直接到勞動力發展署「移工動態查詢系統」通報外國人失聯。「零空窗」是所有合法雇主的期待，也應該是勞動部對按照規定辦理的合法雇主該有的保障，我遇到的3位外勞逃逸的故事，其中損失的金錢、精力與等待的時間，都見證移工制度發展的漏洞，但與仲介與親友檢討後確認沒有辦法防止這些外勞逃逸事件，我也學會原諒自己、原諒外勞，專注在照護本質上並繼續為照護制度更好而努力。

童文薰律師　*Winifred*

不用做民調也知道，肩負著重症患者照顧責任，絕不會是婚配的好對象。甚至已經結婚的配偶都會因為這樣的重擔而影響婚姻品質，或者因而分居或分手。

困局中的長照會衍生什麼問題？顯而易見，一邊工作一邊照顧病人，終究是分身乏術。如果辭職專心照顧病人，最後儲蓄用光，二度就業困難，照顧者的人生要如何走下去？

在困局中的人經常冒出的念頭就是——放棄吧！不管是被照顧者或照顧者，這樣的念頭每天都可能出現。如何轉念？

設想一個公共設施完善的社會住宅，小區裡有小公園，小區的一樓有洗衣房、托兒所、老人中心、便利店、家醫診所。生活所需都在這個社會住宅裡即可完成。出門無需開車，捷運連結公車系統，到哪裡都方便。年輕人在這裡創業工作，社區互助提供安定的力量。如果要說「基本人權」，這樣「只租不售」的社會住宅普及率到達50%時，台灣才算有基本人權的國家吧！

如果有這樣的社會住宅，本章故事裡的阿中，人生命運應該大不同。拿掉買房的壓力，阿中的收入運用可以更靈活。社區提供喘息照護，看護空窗期將不再那麼痛苦。

空窗期是錯誤政策的錯誤結果，一樣是家庭類幫傭人力需求極高的香港與新加坡，都沒有這種逃工或轉工的問題，為何台灣獨有嚴重逃逸黑工？當然是政策的問題！

我與姮燕有一次與香港律師連線直播，我好奇疫情期間香港是否有黑工問題。得到的答案是——疫情期間因為港府嚴控入境人員所以導致缺工。急需人力的雇主於是向已合法入境的移工招手給予較高的

薪資，導致逃工數字成長。但在疫情緩和之後移工聘用自由，自然會回到疫情前的狀況。

但香港是疫情導致缺工才造成黑工，台灣則是錯誤政策導致缺工才造成黑工，並且在疫情期間更加嚴重，黑工數字突破八萬大軍！

很多家庭好不容易等到移工抵台，還在彼此適應期，遇到逃工問題除了驚慌還有憤怒。而且台灣民眾普遍不懂政府如何運作（誰是主管機關？），更不懂要如何求援（第一時間要找誰？）。一旦遇到移工逃逸，只會問「怎麼辦？」

政府存在的原因不就是實現「民有民治民享」嗎？

所以我才會說勞動部對於廣大的弱勢雇主關心不足。正確的做法是要求仲介業者對於雇主說明求援步驟，在第一線充實雇主的管理與應變能力。其次，勞動部對於臨時人力的充足（派遣人力備援）應該拿出辦法，優先補足所謂的「空窗期」。當然，追根究柢是拿出杜絕逃工的有效政策。

但我們從中央到地方的官員與民意代表經常去新加坡考查，卻沒有任何一個縣市達成承諾的社會住宅。我們一直呼籲應該開放家庭幫傭，在家人還健康未失能之前，有幫手可以分憂分勞，陪伴散步運動，照顧老小。因為家人健康全家幸福，不要等到家有失能者才在聘僱人力的問題上掙扎。

人生最公平的事只有死亡這件事。「向死而生」是人人出生之時注定的結果，但過程卻各自不同。雖然這個過程與原生家庭有關，但幸與不幸卻與我們懂不懂監督這個政府做事有絕對的關係。

當你被人生的苦難折磨到抬不起頭來時，別忘了站起來看看這個政府，要求他們好好做事。這是走向幸福人生的第一課。

在雇主協會與其他夥伴們的努力之下，《就業服務法》第58條修正條文在2023年5月10日公布。凡是移工行蹤不明，雇主依規定通報入出國機關及警察機關後，產業雇主可於行蹤不明發生日滿三個月後依規定申請遞補；家庭看護工雇主可於移工行蹤不明發生日「滿一個月」後依規定申請遞補。

【我們的建議】

1、家庭類幫傭開放自由聘僱，無需區別照顧類型。

2、允許同時聘僱兩名移工。

3、取消1個月空窗期，通報逃工後可立即啓動再聘流程。

如前述，疫情造成香港缺工於是產生黑工，台灣則是長期錯誤政策造成缺工與黑工。我們的建議是台灣政府在家庭類幫傭還給民眾自由聘僱權，如同香港與新加坡的做法，解決缺工問題，同時解決黑工的需求，自然就沒有如此嚴重的逃工問題。而且應該允許家庭類雇主同時聘僱兩名移工，眞正解決空窗期問題，並且讓照護經驗可以在前後任移工之間用相同語言做工作交接。如此，政府不必費心去創造外展制度。一旦發生逃工問題，應該允許雇主立即重啓聘僱流程，沒有必要設下1個月空窗期，造成這些家庭的困擾，也花費更多社會資源。

　　解決黑工與逃逸移工的方法很簡單，補足各行各業缺乏的勞動力，在自由聘僱的前提下，容留黑工就沒有誘因。如此，政府可採取更嚴格的罰則，處罰違法的雇主，徹底解決黑工問題。

　　過去**根據《就業服務法》第56條規定，當外籍移工連續曠職3天且不知去向，就算失聯，成為俗稱的「逃逸外勞」。一旦發現外籍看護逃逸，可以撥打勞動部1955專線**，或直接上網在勞動部勞動力發展署的移工動態查詢系統，通報外國人失聯。

　　但家庭看護因與雇主同住，很容易判斷是否逃逸，**只要確認有逃逸事實（比如把重要財物與文件帶走，並無法聯繫上），根據新規定已不需等待三日，雇主可以向內政部移民署各地專勤隊及各警察（分）局分駐（派出）所舉報（書面），或直接上網至勞動部移工動態查詢系統之平臺（簡稱通報平臺）線上即時登錄外國人失去聯繫訊息**（圖三）：https://labor.wda.gov.tw/labweb/Login.jsp，啟動協尋作業。

　　若有財物損失，可以向轄區警察單位報案，並取得報案三聯單。

　　如果聘用移工係透過仲介代辦，就算已通知專勤隊、警察機關或至通報平臺登錄協尋，雇主應於連續曠職3日失去聯繫翌日起3日內（三天後的三天內）通知仲介。此時仲介應準備書面資料進行通報，包括（1）外籍勞工異動通報書（2）聘僱許可函影本（3）外國人護照或居留證影本通知當地勞工局、移民署、警察局和勞動部。若為直聘的雇主，以上的步驟，必須自行完成，以免因為「沒有在3天內通報，可能會違反《就業服務法》規定，而被罰款3～15萬不等！」

　　根據規定若雇主故意提供不實資訊，謊報看護失聯，可能違反《就業服務法》第5條及第40條，將處新台幣30萬～150萬元罰鍰。若

因此讓公務員登載不正確內容，另可能涉及《刑法》第214條，面臨3年以下有期徒刑。除此之外，雇主也可前往勞動部提供的「移工動態查詢系統」，掌握移工是否已經離境，或遭警政單位查獲。

　　外籍看護經雇主通報行蹤不明後，卻於勞動部行蹤不明處分發文日起30日內返回雇主處，且雇主願意再繼續聘僱者，雇主得填寫申請書，敘明外國人返回日期並勾選是否願意繼續聘僱該外國人後，向勞動部申請「取消行蹤不明通報」。如雇主與外國人已無聘僱關係，申請書是否願意繼續聘僱外國人欄位得免填。但是，如果外籍看護於返回雇主處前，已遭相關機關（地方主管機關、移民署專勤隊、警察機關）查獲或自行投案者，因已無法返回雇主處，則不適用前述規定，無法由原雇主聘僱，而須被遣返回其母國。

圖三、移工動態查詢系統

Welcome to
歡迎使用移工動態查詢系統
Foreign Labor Searching System

公告訊息	(一)使用外國人動態查詢系統查詢，以每日查詢筆數5筆為原則。倘單日查詢筆數超過5筆，請先至外國人申請案件網路線上申辦系統辦理會員註冊，再用自然人憑證方式登入本系統，最多可查詢50筆。 (二)111年12月15日起請參考本系統改版適用之操作說明。 ※操作有疑問時，請洽客服專線 02-8521-9009 電話諮詢服務時間：上班日上午8時30分至中午12時00分 下午13時30分至下午17時30分
雇主或 仲介公司登入 認證碼 473357 點擊圖形可以更新認證碼	查詢外國人資料：使用自然人憑證登入本系統者請按此處登入 查詢外國人資料：請先輸入認證碼 [　　　] 登入 外國人失聯3日內通報：請先輸入認證碼 [　　　] 登入 ※失聯滿三日，請至「外國人申請案件網路線上申辦系統」申報。 ※外國人失聯廢止聘僱許可進度查詢，可連結至外國人申辦案件進度查詢。 ※雇主或仲介公司登錄外國人名冊系統，請從勞動力發展署首頁中的跨國勞動力服務/外國人業務項目登入。
其他相關查詢項目：	
外國人動態查詢系統（公務機關適用）	

第二章

活著，到底為了什麼

7 不要讓悲劇發生，先照顧好自己

　　照顧90多歲失智先生的黃阿姨，晚上無法去臥房睡覺，而在客廳擺一張可升降的電動病床，躺在上面的先生要拉著她的手才會安心，不然睡不著。黃阿姨說，照顧過程面臨的壓力第一個是經濟，因為先生經商失敗、房子被法拍，加上18%退休金提早解約，每個月都很現實必須面對房租及日常開銷。為了怕親戚朋友害怕接到電話以為要借錢，因此斷了跟任何人的聯絡。諒及子女各自有自己的家庭要顧，且現在年輕人薪水很低，於是黃阿姨自己照顧先生，「老老照顧」，面臨第二個照顧壓力，也就是心裡面的辛苦。失智病人的身體狀況愈來愈嚴重，到後來會因吞嚥問題，反覆得肺炎，還有肌無力，等病人無力自己動作時，站立、換尿片、協助大小便都非常困難，連推都推不動。照顧的過程中，因使力不當使得腰椎滑脫、手臂受傷、免疫力變差等，後來甚至累到得肺炎，發著高燒仍要照顧先生，生活變得好辛苦也沒有生的樂趣。撐了大半年，在完全無能為力之下，黃阿姨只能想到去區公所求助，區公所提供兩條路，第一個是一張表，上面有住家附近十幾家安養院電話，要自己一個個打去問。但阿姨家是低收入戶，負擔不起自付額，機構也有各種條件，不是想送就能送。第二條路是送到一個離家非常遠的公費安養中心，雖可以免費入住，但必須排隊，不一定有床位。黃阿姨想著送去那麼遠的地方，不方便探視，等於把他拋棄，是絕對不可能的事。最後，總算問到可以先用「喘息服務」，暫時送去機構照顧，接受自己要有喘息的機會，才不會照護者與受照護者，一起倒下（報導者，2021）。

張姮燕老師 *Heidi*

外籍看護可以逃跑，居服人員可以選擇不服務，但身為失能者的主要照顧者或是同住家人呢？照護與陪伴，是個漫長的過程，我們請了外籍看護協助照護工作，承擔部分的體力負荷，但心理上的壓力，卻時時刻刻存在。所以我們常看到照護現場，病人還沒走，照顧的人卻先倒了。這是因為在長期照護的過程中，最令人感到身心俱疲且情緒低落之處，在於看不到隧道盡頭的那道光。而且，除非是醫護背景的人，一般人在開始長期照護前，都不具備足夠的長照知識與技能，而也沒有人在人生規劃中放進照護至親或摯愛這一環。

我曾經受邀到「警察廣播電台」分享照護癌症母親與失智父親的故事，在經驗豐富的主持人引導下，敘述著這長照的過程，本來一集的訪談，欲罷不能，連續講了三集。而就在忘記曾經上過警廣的某一天，在學校會議上遇到一個醫管系的同事，她跑到身邊來跟我說：「我那天開車途中聽到妳分享照護的故事，我不知道妳每天臉書分享快樂照片的背後，是這樣的照護歷程」。也因為警廣的節目，後來接受瑞智社會福利基金會邀請到「瑞智主日」分享失智症照護。猶記在這場希望讓有失智症患者的家庭知道自己並不孤單，能透過信仰幫其學習將重擔交託、卸給神，向神支取力量的分享後，參與的社工笑著跟邀請我去的醫師說：「妳去哪兒找到這位沒有愁眉苦臉的家屬」？

聽到這些回饋，我思索著，是我把照護的情緒跟挫折藏得這麼深、這麼好，還是我真的樂觀正面到不可救藥？這題沒有簡單的答案，因為人有很多面向，而只是我選擇不要流露黑暗面，畢竟誰希望看到我每天社群媒體抱怨照顧的辛酸呢？就算看到，在乎的人又有多少？但照顧者的心情，只要有照顧過的人，或是生病過的人，才

會懂，多說無益。不逃跑的陪伴，也是自己的選擇，用愛陪家人走這段照護之路，一如家人也在已看得到盡頭的人生中，用愛陪我們走一程，只是失智症患者的照顧及陪伴是沉重且漫長的的告別過程。在大部分有失能者的家庭中，幾乎都是最有責任感、較在乎的人，承擔照護的責任。往往長照悲歌也都是照護日常中，出現壓垮駱駝那根稻草，所以身為主要照顧者，我們要隨時觀察自己，那根稻草是否出現，得及時的移除，該逃跑時就先短暫的逃跑歇會兒，並且接受「沒有一百分的照顧，只有剛剛好的照顧」。

　　一直很感謝在這段照護的路上，雖然我有逃跑的外勞，也有不適任、一個換過一個的照服員，但我也有陪伴我一路走來的家人，更有在我必須要逃離照護現場、充電喘息時，幫我分憂解勞的外籍看護及台籍看護。在照護的路上，學習到每個人在面對親人照護上都有各自的情緒要解決，處理心理壓力的方式也不同，尊重的同時也必須學習放下。記得一個故事述說著一個苦者對老和尚說：「我放不下一些事，放不下一些人」，於是和尚讓他拿著一個茶杯並且往杯裡頭倒熱水，一直倒到熱水溢出來。苦者被燙到，馬上鬆開了手。和尚說：「這個世界上沒有什麼事是放不下的，痛了，你自然就會放下」。這故事也在照護個幾個年頭後，提醒自己偶爾必須承認懦弱，偶爾應該表達自己不夠堅強。而如果還能承擔那杯熱水，就繼續把茶杯握好，但如果燙手了，不放手，手終究會燙傷，而杯子也可能在突然握不住時，掉落地面而破碎。要成為不愁眉苦臉的主要照護者，需要社會安全網的支持以及親朋好友的關心，讓別人知道照護家人的日常不是示弱，反而是讓眾人觀察異常，可以適時伸出援手的一個方法。在悲劇發生前，暫時離開照護現場，稍微喘息，有時候會是最好的選擇。

童文薰律師  *Winifred*

　　韓劇《雖然是精神病但沒關係》，主角肩上壓著照顧自閉症哥哥的重擔，這個重擔讓他無法過著隨心所欲的日子，也無法談戀愛或夢想未來人生。在某些難熬的時刻，他曾想過「如果哥哥死了該有多好！」但每個夜晚過去了，天又亮了。男主角愛不得也死不得，他逃避的方法就是不去想未來、不去談戀愛。用堅硬的外表偽裝自己，熬著每一天。因為……「若愛和死一樣難，逃避是最容易的」。

　　不是所有的事都要直面人生硬扛，更多時候我們要學會減負。怎麼減負？一旦家人發生需要長照的情況，要充分瞭解社會資源與支援在哪裡，從醫療諮商到如何聘僱外勞、管理外勞，都需要認真學習。沒有人是準備好的，所以讓無助的無備者知道出問題時如何找解方，是我與姮燕老師一起出版此書的原因。

　　再能扛的人都需要喘息的時候，如果總是困在外勞管理的問題或外勞逃跑的重複聘僱之路，照顧親人的痛苦指數將倍增。所以「雇主協會」努力監督官員把工作做好，把弱勢雇主遇到的問題透過一再的拜會行程，讓官員與立委們關注並改善。

　　我們扛起這個推動修法的重責，最終目的是讓所有的雇主家庭不再陷於相同的困局。經過兩年的努力，我們的聲音終於得到在朝與在野的共同關注。從巴氏量表的存廢到開放家庭類幫傭，存在30年未解的問題，終於有了進展。

　　所有雇主家庭交集的問題我們在努力，那麼個別雇主家庭要努力什麼呢？不要讓悲劇發生，壓力大到受不了時，可以崩潰可以求助，但別走絕路。在克制不了自己時，深呼吸，找一個角落坐下來，擁抱自己。擁抱的力量可以自我療癒（蝴蝶擁抱，見本書第23篇）。

不要用「如果」來折磨自己，因為那會變成沒完沒了的噩夢。「如果注意身體徵兆就不會如何如何」、「如果那天沒有出門就不會發生意外」、一個如果接著另一個如果，只會讓人疲憊卻永遠沒有答案。

照顧社區化

　　長照的挑戰很多，但最難的部分應該是老老相顧與獨居老人。這個部分應該以「照顧社區化」最符合台灣社會的需求，也能讓老人家在自己的老房子終老。因為衛福部雖然青睞機構照顧，可是機構再好都不如自己居家安養善終，因為每個家俱與痕跡都是人生的一部分，這也是老人家生活的溫暖記憶。要做到照顧社區化，前台南縣長蘇煥智認為透過政府補助，強化地方長照設施人力，村里長辦公室、社區發展協會是目前社區服務既有平台，當初台南縣興辦村里關懷中心，就是把長照、教育學習、社造、健康營造等機能都整合進去，每個照護據點同時也是學習中心。

　　蘇煥智指出內政部推動社區照顧關懷據點的問題——學習中心功能被稀釋掉，長照1.0跳過鄉鎮公所，由縣市政府統一發包，導致長照業務與社區脫節。和照顧社區化、在地老化精神根本背道而馳；之後的長照2.0繼續把鄉鎮市公所跳過去，「當初社區照顧關懷據點，就是內政部社家署（組改後併入衛福部）在管的事情，現在衛福部自己去搞一個巷弄長照站，實在太荒謬。」

「台灣現在長照人力，不是靠外勞，就是靠陸配，解決方式就是透過照顧社區化，人力要就地取材。社區關懷據點，至少使用設施是公家的，人力仰賴志工。現在長照2.0把行政區跳過，巷弄長照站到底是『公』的還是『私』的？根本看不懂。」蘇煥智說，長照服務到底是「公」還是「私」，並不是問題，但巷弄長照站最大的問題，在於它必須透過計畫申請，向政府申請預算補助，「業者何時得標都不知道，產業就很難做」，開放巷弄長照站不會解決問題。（《風傳媒》專訪《長照2.0》蘇煥智：全國2529個社區照顧據點新政府將既有資源晾在一邊）

根據我們探訪幾個巷弄長照站發現，很多都是鐵門深鎖毫無功能。究竟長照預算用到哪裡去？成效如何？我們找不到報告。無論如何這種長照站只能照顧到亞健康病人，因為他們還能有條件移動到巷弄長照站。但真正重症者根本無法使用到這類資源。

8 美好的回憶，不會因為死亡而消失

　　新北市一戶高關懷家庭為83歲楊先生和妻子（81歲）及54歲養子、53歲親生小兒子四人同住，楊男患有失智症，兩個兒子因病、生活無法自理，三人都靠陳婦一人照顧生活起居。平日陳婦都會出門採買，鄰居也常會好心接濟，有時陳婦未出門，會由小兒子出門幫忙買東西，但過年後鄰居發現該戶已多日無人進出。里長會同警方破門入內察看，驚見一家四口只剩83歲失智的楊姓男子獨自一人在房間，妻子及兩個兒子均已無生命跡象，幾乎已成乾屍，研判3人疑似因病身亡。一家四口而唯一存活、罹患嚴重失智症楊男，則獨自一人在房間內，也是身形削瘦，對里長及員警詢問均是一問三不知，完全無法回應到底發生何事。警方緊急通報新北市政府社會局社福人員介入，處理倖存者卻失能的楊先生（聯合報，2023）。

張姮燕老師  *Heidi*

　　從小到大，參加的喪禮不多，想必是在台灣人的文化裡，對死亡特別的忌諱，因此喪禮的禁忌總是特別多，因此能不參加告別式，就盡量閃避。父母親也總是以小孩子不宜參加喪禮，要上課不宜請假等理由，讓我們規避掉直系親屬以外的喪事。但依稀記得人生參加的第一場喪禮，是外曾祖母。在台南鄉下家中的大廳，擺著似乎尚未斷氣的長輩，看著一屋子的大人忙裡忙外、一臉肅穆，那種沉重的氛圍，再加上事後傳聞著過往後回家看看、沙子上浮起的腳印等說詞，甚至要從大老遠爬行至大廳，且放聲大哭的演繹，幾十年後想起仍有種看恐怖片的氛圍。至今，已送走了祖父、祖母、外公、外婆與母親。生前不熟悉的長輩，死亡也不會帶來太深的難過；但朝夕相處的親人一旦離世，難過的情緒加上看不到人的思念，常暗夜襲來。

　　有一次在美國，朋友邀約一起去參加他朋友岳父的喪禮，向來不大會拒絕別人的我，換上一身黑，跟著到了殯儀館（funeral home）。美國殯儀館多是私人且是家庭式產業，外觀就跟一般有前庭後院的住家沒什麼不同，很多甚至就開在住宅區或城中心（downtown），跟台灣的非常不一樣。一到現場，大家輕鬆地聊天，甚至魚貫地排隊去瞻仰遺容，那時候我遠遠的不敢靠近，但那位素未謀面的朋友岳父，面容仍清楚可見。在台灣能不去就不去的喪禮，到了美國就這樣彼此邀約，去送素昧平生的人最後一程，在告別式聽其至親好友陳述著過往。我甚至有一群伊朗朋友，會相約去墓地走走，跟已逝去的朋友聊聊天，讓因為死亡而隔開的生與死，不能切斷彼此的朋友情誼。但西方喪禮上不是椎心的哭喊，也沒有鬼魅魍魎的穿鑿附會，就是送行人生最後一段路，甚至用幽默的方式，再跟亡

者說個笑話，搏在場人士一笑。同樣面對死亡，東方、西方卻有著不同風景。

　　母親一直是全家族最會念書、最養生的人，身為老師，早睡早起、不菸不酒，又因為是長女，總是熱心張羅父母親及所有兄弟姐妹的大小事。一個被公認為誠心助人，肯定很有福報的人，在皮膚癢了一年、看遍高雄市各大皮膚科醫生查無原因後，去教學醫院檢查肝臟，試圖找出病因。一檢查不得了，馬上在看報告的當下，就被醫生宣判死刑：癌症末期，且是連栓篩、化療、換肝都無法救治的情況。醫生當時，宣布只有三個月的時間。一個人被宣判只剩下三個月時間，再加上對癌症的恐慌，這種死法，要有很大的勇氣跟坦然，才能面對。有人說，「癌症是最好的死亡方式，可以慢慢道別」。但死亡，真有最好的方式嗎？我不確定。因為不管這個道別多麼優雅跟緩慢，仍舊不知何時到來。醫生不是神，他宣判的三個月，也未必是三個月，可以更長，但也可能更短。就算簽了安寧，就算辦了生前告別式，在愛與嗎啡的幫助下，和親友道別，是凌遲。真有準備好面對死亡而不牽掛存活家人的那天嗎？我經常想到這個問題，於是也想起了文天祥，或許，要有著「南面再拜就死」的勇氣與從容，當癌痛到極度時，因為不忍心家人再承受痛苦，「放下」會是最好的選擇。

　　母親在醫生宣判只剩三個月時間時，我還在剛在美國考完博士資格考，眼看還得最少兩年才能完成學業。母親忍著想念我，我也忍著想念她，一放寒暑假，就飛奔回台，陪著就醫、求神問卜。那三個月，在母親強烈的求生意志下，沒有任何治療卻硬生生多延長了兩年多。「愛」，是多撐這一段辛苦旅程的唯一要素，只因為她想看到我們完成學業、找到穩定工作、結婚、生子。但這麼多「代辦事項」，

也只能請母親放下，也讓自己放下，因為再撐下去的身體，或許也只剩下更多身心的疼痛。在母親走後，所有歌曲只要跟母親相關的，一律謹慎服用、能不聽就不聽，以免一不留意、相思成災。但要多久才會忘記？答案是，永遠不會忘記，因為所有一起經歷過的喜怒哀樂，都已經寫進心田，就如〈天之大〉歌詞中的「月光之下，靜靜的，我想妳了」，只要有月光，就會想起逝去的親人，而帶著這份思念，走過滄海桑田，直到我們再見面的那天。

童文薰律師　*Winifred*

我的外公、外婆因為原生家庭的因素，從鄰鄉出養到土城的一戶邱家。那時是日治時代，邱家是個大家族，老老小小上百口人。因為外公、外婆沒有按著被出養時的計劃與邱家人成婚，於是仍按著本姓林，但依附著邱家的四合院共同生活。

氏族社會有照拂鄰里的機能，但在都市化後這些機能都被抹殺。

二戰前後外祖家極窮困，為了養家糊口，外祖父成為礦工。勉強寄人籬下的生活，三餐難繼。

父親與祖父則是在國共戰爭的尾聲，搭乘1949年冬最後一班火車到廣東輾轉在香港落腳。父親進入香港大華紡織廠擔任技術人員，然後與祖父隨著大華紡織廠來到當年的台北縣土城鄉。

直到我母親國小畢業去紡織廠上班，才認識了我父親，因緣際會在台灣北部這個小鄉鎮結縭。後來大華紡織廠解散，我的雙親承接了幾台紡織機。創辦了一家小小的紡織廠，這才連帶改善了外祖家的生活。

我有兩個哥哥，雖是么女卻也是法定「長女」。我出生前隨同父親一起來台的祖父已經過世，我學齡前外祖父也因為礦工的職業病染疾去世。所以我記憶最深的長輩就是外婆。小學只上半天課，放學後的活動就是去外婆家趴趴走，一個下午可以跟著玩伴上竄到承天禪寺，見過廣欽老和尚再跑回外婆家。

從外婆家到禪寺的這段山路沿途有一區公墓與私墓群，環繞著大大小小的埤塘。在這裡跑來跑去時，經常遇到出殯隊伍或者依傳統習俗挑日子為入土多年亡者撿骨的師傅，我都會跟著夥伴們好奇旁觀。有一年的清明節，五歲的我跟著幾個大哥哥，他們帶著鐮刀等工具幫一戶又一戶的掃墓人割草。一整年叢生的野草真是驚人，所以掃

墓人都歡迎這些小幫手，給的小費還很豐厚。我記得在1970年代，一個菠蘿麵包是新台幣壹元，這些大哥哥們手腳敏捷，可以從每戶掃墓人手上拿到五十元，而且是每個人五十元！我這個小蘿蔔頭站在旁邊只負責圍觀，連根草都沒撿也可以分到五元硬幣一個！這叫做「挹墓粿」，不給實體的粿而是改發代金！

　　按習俗來說，我擔任了一日小乞丐，「乞食」就是這麼一回事。這大概是我人生中「賺」到的第一次外快，一整天下來口袋裡竟也累積了五十元。正當我以為每年到了清明時節都可以快樂賺錢時，回家之後卻被爸爸以藤條伺候，結束了我每年都要挹墓粿的小算盤。總之，那時物資雖不豐富，但真沒聽過誰家餓死病死了人！

　　如果真的有人過世，這當然是大事，如何面對死亡是人類自古以來的大問題。但我的成長經驗告訴我，死亡是自然的，卻不是終點。前面說到邱家這個大家族，如逢長輩過世，會將人移到大廳的長板凳，子孫都回來隨侍在旁。等入殮後，會有師傅進駐到家裡，一層層在棺木上漆並繪以各種吉祥的圖案。這個過程通常要好幾天，小孩子就在棺木附近玩耍，沒有什麼忌諱。等到出殯的吉日到了，在稻埕上搭棚辦桌。小孩子也能上桌，菜色與大人桌完全相同，整個氣氛就像在辦喜事似的。現在我回顧這些細節與逝去的長輩親人的音容，都還歷歷在眼前沒有因為生命的死亡而消失，反而隨著時間的經過淡忘了不愉快的部分，留下美好與溫暖的部分。

　　在氏族社會裡，很難發生本章案例的悲劇。社區支持與氏族間的鄰里互助補足政府缺失的功能。但在現代社會裡，公寓門一關上，就像一個個不串連的孤島。新聞事件裡的那位楊媽媽，在死前究竟經歷了什麼？她的一生有什麼喜怒哀樂？沒有人知曉。

氏族社會就像馬戲團，或許物資缺乏，但人人有口飯吃，鄰里互相關懷作伴。而熱鬧的城市有鮮明的社會階級，或許五光十色繁華無盡，可是每人忙於在自己階層謀生，階層間鮮少發生流動。居於社會底層的人，缺乏訊息也不會求助。公權力如果怠惰，悲劇必然一再發生。

在可見的未來，超級大城市只會越來越龐大，也就越來越冷漠。惟有建立智慧城市善用科技，才能在後疫情時代終結這樣的悲劇。落實遠端遙測生命跡象與視訊問診，真的是不能再拖延的工作。

【解決之道】

社會救助通報

根據《社會救助法》第9-1條：「教育人員、保育人員、社會工作人員、醫事人員、村（里）幹事、警察人員因執行業務知悉有社會救助需要之個人或家庭時，應通報直轄市、縣（市）主管機關。直轄市、縣（市）主管機關於知悉或接獲前項通報後，應派員調查，依法給予必要救助。前二項通報流程及處理時效，由中央主管機關定之。」

所以，因為教育（學校老師）、保育（兒少福利機構保育人員）、社工、醫療（醫師護士）等因素或在地的村里長與警察，在執行業務時知悉有需要社會求助的個人或家庭時，有主動通報的責任。換言之，學生可以向老師、保育人員求助，市民可以向社工、醫療人員、村里長與警察求助。通報的案件最後會交辦給戶籍所在地的區公所，協助後續的救助項目。

照顧社區化，天天量血壓

徒法不足以自行，有法規爲何還會發生悲劇？有通報爲何還會漏失？因爲即使落實到區公所統籌，還是比不上社區照顧及時。要達成平日的關懷，只有同一個社區的居民才能做得到，政府資源要到達社區照顧站。照顧社區化，人力能夠就地取材。社區關懷據點使用的設施選擇公有的空間（例如社區活動空間），人力結合志工與有給職。

政府應該提出讓人民有感的政策，例如天天量血壓，到社區照顧站每天量一次就減健保自負額10元。因爲中風臥床佔用大部分的長照資源，這類疾病應該著重於預防。天天量血壓可以警示是否應該就醫，以及慢性病藥是否定時服用。很多長輩固然定期去醫院領，但既不量血壓也不吃藥，櫃子裡一堆藥品最後都進了垃圾車，浪費了醫療資源還是沒有把自己的身體照顧好。

是時候讓「健保巨嬰」長大了！好的政策可以讓民衆自動自發天天量血壓。「10元減免」雖不多，但很有感，就像蒐集寶可夢一樣，應可發揮良好的作用。

9 尋找生命中美好的，可以活下去的理由

　　台北市現年79歲的陳姓婦人，5年前疑似不堪長期照顧有糖尿病、高血壓，必須洗腎已30年的丈夫以及照護孫子的壓力，趁丈夫在臥房睡覺之際，持鐵槌頭朝丈夫頭部搥打13下，吳男遇襲一度清醒極力反抗，但陳婦並未停手，直到吳未掙扎才罷手，陳行凶後請大樓保全協助報警，吳男送醫急救後休克而死亡。陳婦事後被警方帶回偵訊時，嘴裡不斷呢喃「我無法再照顧他了」，事後被依殺人罪起訴。不過陳婦的女兒難過地替母親求情，並希望能從輕量刑。一審依殺人罪判刑2年8個月，上訴後二審法官認為這是老人照顧老人的悲劇，加上婦人自首、家人求情以及犯後身心靈飽受煎熬，撤銷原判決，改判2年徒刑，可緩刑5年。合議庭指出，老婦與人互動過程大多眼神直視，缺乏目光對視，整體給人缺乏活力之感受。高院刑事庭發言人說明，「其犯罪後已受自身心靈上之相當折磨，考量本案為老老互相照顧之長照悲歌，兼有無怨無悔照顧孫子，致身心過度負荷之情形。宣告之刑以暫不執行為適當，因此併宣告緩刑5年，以啟自新」（公視新聞，2020）。

張姮燕老師 *Heidi*

都在教育界服務的父母親，婚姻在親朋好友中是令人稱羨的，爸爸是個好好先生，每天只要有書報可以看，沒其他物質慾望；媽媽則是個聰明積極的新女性，要她宅在家裡相夫教子太大材小用，但她也未曾一天不在家或讓我們餓著。兩個人，一動一靜、一內一外，婦唱夫隨，倒也歲月靜好。老師生活就是準時又規律的上下班，爸媽跟他們同齡的同事及同學一樣，五十歲出頭就退休。這年紀屆齡退休，子女也已成年，不用為其學業擔憂，甚至有的已經成家，剛好還有體力可以幫忙帶孫子，甚至開啟事業第二春。很可惜，母親59歲離世，我尚未步入婚姻，更遑論讓他們帶孫。

爸媽健康狀況都良好，也只些小病小痛，退休後，也過了幾年悠哉但子女因為工作或出國念書的「空巢期」，學習如何相看兩不厭。退休後幾年，媽媽因為皮膚癢，高雄市許多知名的皮膚科看過一輪，都只是開了皮膚藥膏，直到有一天被朋友提醒去檢查一下肝臟，才在高雄長庚紀念醫院被診斷出是肝癌末期。那段時間我在美國念博士，雖每天關心、追蹤媽媽皮膚癢的就醫狀況，但診斷出癌症的過程，我從來沒機會參與。這缺席，雖不是故意，但卻無法不自責，至今如此。而從皮膚癢到診斷出肝癌末期，也不過一年的時間，但聽到診斷結果的當下，陪伴進去聽報告的父親卻無法接受那樣的結果，認為只是來聽檢查報告，怎麼卻被判了癌末且無任何治癒機會的死刑？

知道肝臟佈滿大大小小的腫瘤，卻不是原發癌，在就教第二意見（second opinion）後，既無法化療也無法栓篩，連換肝的機會，在名醫進來宣布沒這選項後，也只能選擇自然醫療，能撐多久算多久。肝臟被形容為「沉默的器官」，因為肝臟內部沒有痛覺神經分布，所以只要腫瘤沒壓迫表面神經，不大會疼痛，但癌細胞一但轉移，「癌

痛」是必須要靠嗎啡才能止痛的大魔王。媽媽的癌症末期，出現在爸爸已經開始有失智症症狀的初期，所以兩個人生病有重疊的時間，只是癌症會病情急轉直下且會不適，但失智症是個慢慢演進的過程且沒有立即的生命危險，所以我們那時候的照護重心，都在媽媽身上。爸爸雖然能幫上忙的地方不多，但比如協助起身、盥洗、幫忙遞個物品，也還是可以的。

記得爸媽以前唱著鄭進一的〈家後〉，總是彼此消遣誰先走，不知道是先走的人較有勇氣，還是有本事善後的才會留下來？但命運不是這樣猜拳決定的，規律運動、早睡早起、飲食均衡、不菸不酒等健康的要素，在爸媽的身上，都被推翻了。但我們看到再怎樣相愛的夫妻，面對身體的病痛，無法彼此替代，也只能自己心靈上跟身體上獨自面對。媽媽很堅強，痛起來很想死，但我們都看出來她努力地活到最後；爸爸很壓抑，看到另一半受苦也難受，但我們也看出來他固執地不說出來。而這段照護的時間，他們還有我跟妹妹這兩個女兒輪流在身旁，但我倆也都各自有自己的脾氣、習性以及面對問題的解決方法。所幸，我們一家人，都還有「愛」維繫著，再加上那時候的外籍看護，沒有現在2023年的刁鑽跟自大，所以我們有個已經失聯但至今能心存感謝的看護「阿雅（Chnayah）」陪伴著我們度過照護的混亂期。回想起來，如果那段時間沒有手足、父親、外籍看護、舅舅、阿姨等親朋好友的幫忙，照護的過程，大概就是人間煉獄。不禁會擔心，20年後的台灣肯定是超高齡社會，那時候的我，是否一樣有好的看護、親友讓我得以延續痛苦還是提早解脫？歌詞的意境畢竟比現實美化許多，爸爸就算當初笑著搶說「會讓你先走，因為我嘛嘸甘，放你為我目屎流」，但「老老照護」的吵吵鬧鬧，還要感受到幸福，談何容易？

童文薰律師  *Winifred*

年輕的生命總以為自己是forever young，大家都一樣，不會去思考家有病人或自己因意外臥床的情況，或者要買保險以及增加儲蓄準備。

遇到橫逆時，人們的思考卻驚人地類似。例如家有罕病兒的父母，選擇再生一個孩子，希望這個孩子將來可以承擔照顧責任，甚至提供骨髓醫治生病的哥哥或姐姐。

但真實的人生是什麼？每個人都是獨立的個體，有自己的人生追求。家有罕病兒的一位母親在立院公聽會上這麼說著「將來有一天，為了不拖累其他孩子，我曾想過，因愛殺人的故事可能會發生在我身上。」聞者鼻酸。

每隔一陣子就有新聞報導長照悲歌，如何終結這首歌，卻不見政府拿出辦法來。

在急難時，七分自助、兩分互助、一分公助，是社會救助的原則。家庭扛起七分責任，剩下的三分擔子，讓社區互助的力量與公助的力量來負責，照護者能得到喘息才有往下走的力量。

互助的力量來自家族與社區，多一分關懷就能少一件悲劇。不要覺得不好意思求助，或者擔心麻煩他人會遭受白眼。台灣社會善的力量極大，雖然人與人之間因為忙碌等因素而隔閡疏離，但人間處處有溫情真的沒錯。平時就準備好隨時可以帶著出門急診包，拿起紙筆寫下這排清單（貼在冰箱門上）：

1. 家族可以協助的名單
2. 急難時聯絡的名單
3. 緊急送醫時的電話

4. 鄰里長的電話

5. 社區藥局電話

6. 信仰團體志工群

天無絕人之路，每一通電話都是喘口氣的機會、再想想更好解決方法的機會。

NGO團體與社服單位，除了可以提供諮詢服務外，一般在聽完問題之後多能指出主管機關與初步的解決方案。不過，在弄清楚長照資源之前，很多人把不斷打電話詢問、確認的過程視為畏途。例如申請補助費用與長照人力，或申請電動床與輪椅補助，以及二手醫療設備來源等等。因為我們不熟悉機構的責任編制，一開始難免會打錯單位，或者在單位間被移來轉去。所以「耐心」在苦難來臨時，是關鍵的品德。下定決心走出一條路來，自然有柳暗花明的時候。

長照悲歌並不會因為情有可原就免去法律的追訴，但法院一般都輕判甚至如本篇案例給予緩刑。這裡有幾個關鍵詞：

1. 自首

2. 情有可原

但是死者已矣，這個發生過親人凶殺案的家庭如何繼續？更重要的是台灣人口超高齡化，這樣老老相顧的家庭就像一個個不定時炸彈，前不久才發生兩老在家放火自焚的案件，而火災是會波及四鄰的！就算為了保護自己的資產，鄰里也該多多照應不是嗎？

青銀共居社會住宅

　　最美好的想像，是台灣已經建立「青銀共居」社會住宅，年輕人用每周的服務時數，以極低的租金甚至免租金獲得住處。服務的內容則是陪伴、供餐、生活用品採購等等，解決社宅長輩的生活需求。而長輩的人生經驗也可以透過這樣的陪伴來傳承。

　　但現實很貧瘠。2016年立法院通過《住宅法》修正案，規定社宅「只租不售」，之後又將社宅弱勢保障比例提升至40%。然而畫餅容易，政策跳票更容易。蔡英文2016年上任時宣布的「居住正義三支箭」，承諾8年內蓋成20萬戶社會住宅，如果不計入地方政府的業績，由中央達成的數字在蔡政府的兩任期間內，只有5萬多戶社宅，社宅政策確定跳票。

　　根據《住宅法》定義的社經弱勢族群，台灣需要至少24萬戶社會住宅，這還不包括青年與一般家庭的需求。如果加入這些需求，根據社會住宅推動聯盟估算，台灣至少需要62萬戶社會住宅。但我們的達成率有多少呢？台灣現有社會住宅數量僅佔住宅總量0.08%，相比之下，日本6.06%、香港29%、新加坡8.7%、荷蘭34%、英國20%、丹麥19%、芬蘭18%、瑞典18%、歐盟平均14%、美國6.2%！要實現「青銀共居」，如果按照政府蝸步前進的速度，可能再過40年都達不到。

　　盤點縣市閒置土地，以「一坪換一坪」的方式，與建商合蓋社會住宅。屬於建商的那一半，建商可以買賣，屬於社宅的這一半，依《住宅法》來抽籤分配（只租不賣），每五十年改建一次。建築成本由建商支付，招開國際標廣邀全球建築師畫設計圖，拍定幾個版本，這樣才有美感與變化。這樣既能解決政府預算問題，又能快速達成社宅目標。有能力購屋的青年與一般家庭也有平價優質社區住宅可置產，這才是兩全其美的設計。

　　沒有足夠的社會住宅，優質的長照很難站得住腳。這是我們為高齡化台灣許的願！

10 在彼此人生中，我養你小、你養我老

　　屏東縣東港鎮驚傳長照悲劇，低收入戶的54歲許姓男子將老母親從2樓陽台推下，隨後跟著輕生。派出所員警當天獲報到場後，許男意識清醒，將腳受傷的許男送輔英醫院；許母現場無生命跡象，送東港安泰醫院仍不治。許母領有重大身心障礙手冊，領有中低收入戶老人生活津貼，中風後意識不清也無法溝通，長期臥床，生活無法自理，需依靠家人協助。排行老四的許男是主要照顧者，但工作收入不穩定，20多年來為了陪伴臥床母親，接臨時工過活，平時也會有外孫女協助。許家有申請縣府長照中心提供居家服務，但意外發生之前，許男出現新冠症狀，打給照服員提及母子倆身體不適，請照服員不要到宅服務。後許男及母親經COVID-19快篩呈陽性，將母親送安泰醫院PCR確診染疫，但醫師評估無須住院治。事發後，許男坦承「是我做的」，他在警訊中表示，和母親新冠確診後這幾天都睡不好、壓力很大。那天一時間情緒上來，為求解脫把高齡79歲的老母從2樓陽台推下去，隨後也跟著跳樓輕生，當下也不知道自己在幹嘛，只是想解決遇到的煩惱。許男涉刑法272條、271條第1項殺害直系血親尊親屬罪，全案移送屏東地檢署偵辦遭聲押後，屏東地方法院法官諭知新台幣5萬元交保，但許沒錢繳交裁定收押（中央通訊社，2022）。

張姮燕老師　　　*Heidi*

　　爸爸在退休後不久，就被診斷出早發性失智（early-onset dementia），而媽媽無預警的被診斷肝癌末期而到最後不敵病魔撒手人寰，或許也讓他的失智症惡化更快。回想爸爸當初光是要確認是否為失智症，各大醫院如台大、成大、長庚、高醫、義大、榮總等，從神經內科看到精神科，有段時間反覆被診斷為憂鬱症，甚至一度懷疑是水腦而在神經外科開刀。這當中，為了找最新的醫療資源，嘗試臨床藥物試驗，還曾經出動已經畢業後成為朋友的學生Mary，帶著小孩在冷風中，凌晨兩點到台大醫院排隊拿號碼牌。確認掛到號後，我再帶著已不大配合指令的爸爸，搭高鐵從高雄到台大就醫。台大的名醫表示感佩我們這樣舟車勞頓去看診，但也很實際地指出這樣太不切實際，不可能每次就醫都這樣千里迢迢，而且試驗性用藥已不適合病程已到中度失智的爸爸。這一路的就醫過程，說「不死也半條命」也不為過。

　　既然西醫再度宣布醫療有其極限，一如我母親癌末的治療一樣無解，我們轉而向中醫求助，又開啟另一段求醫的過程。那段時間正巧跟佛菩薩挺有緣，所以在佛寺師父的引薦下，到台中找一位只接受當天掛號又患者很多的中醫師。每次掛號，我都得在開放掛號時間前，就把電話號碼撥出，時間一到直接按重撥，才能偶爾幸運掛到號。一掛到號，就搭高鐵出發到台中，再搭計程車到診所。而爸爸因為失智症的症狀，也沒有耐心跟我等到藥包好再回家，又得出動另一個畢業後成為摯友的學生Yuchi下班後幫我拿藥再寄到高雄。

　　有幾次，我跟妹妹特別把時間排出來，再邀阿姨還有表妹一起同行，把這樣看診的必須當作小旅遊，規劃了從高雄出發到台中就醫，「順便」到溪頭、日月潭、霧峰等地方旅遊的行程。每趟出門都在考

驗我行程規劃跟訂旅館的功力，一趟就醫加旅遊也所費不貲，但我清楚知道，有些事情當下不做，日後就就再也沒機會了。失智的爸爸不會記得這些我們大費周章安排的行程，但是我跟妹妹，會永遠記得。面對疾病已經徬徨無助，照護的日常更是傷神，但既然都要出一趟遠門就醫，多加個幾天跟開銷，換得一家人出遊的記憶，如同英文俗諺 When life gives you lemons, make lemonade，而看來這幾年的照護經驗，已讓我挺會擠檸檬做成美味檸檬汁。

在爸爸已經出現「譫妄」症狀時，我跟妹妹加緊腳步進行我們的旅遊挑戰。譫妄是一種失智患者會突然性情大變、胡言亂語、大吼大叫、暴力傾向、出現幻覺或錯覺、無法辨別白天夜晚，不知自己身在何處等認知功能轉變的狀況。而這樣狀況，黃昏過後會更明顯，有的病人甚至整個晚上都不睡覺，囈語或是遊走。光是這樣的描述，就很多人覺得怎麼出門去旅遊對吧？但我們抓住爸爸雖然錯亂但還能行走的有限時間，到夏威夷開車自駕玩了兩個禮拜，從歐胡島（Oahu Island）玩到大島（Big Island）開車繞島一圈，去了威基基海灘（Waikik Beach）、看到火山、採了咖啡、跳了草裙舞、摸到海龜，還有許多許多。夏威夷之旅隔年，又規劃到印尼峇厘島自助旅遊，在烏布（Ubud）過了悠哉的幾天，也住了不少高級的villa跟飯店。旅程中爸爸的躁動、不配合，至今已印象模糊，但爸爸下水摸到海龜的霎那、陪我們開車到大島北端吃到旅遊書說必吃但其實不怎樣的蝦子的那刻，記憶猶新。爸爸現在還記不記得？當然不可能。但so what？所有的旅遊記憶全部刻在同行的每一個人心裡，而且彷彿昨日。一如所有在這段日子裡，幫助、陪伴過的親友，我也未曾忘記。謝謝你們願意讓我在彼此的人生中，留下一小段共同的記憶。

童文薰律師  *Winifred*

　　在中華民國的刑法變革過程中，殺害直系血親尊親屬者，處唯一死刑（北洋政府時期）；1935年國民政府公布施行《中華民國刑法》後，在第22章殺人罪第272條保留殺害直系血親尊親屬罪，刑度改為死刑或無期徒刑。

　　這個條文一直有爭議，因為刑法第271條「殺人者，處死刑、無期徒刑或十年以上有期徒刑。前項之未遂犯罰之。預備犯第一項之罪者，處二年以下有期徒刑。」授予法官量刑的空間，無需再對直系血親尊親屬的生命法益另做規定。

　　但因儒家孝道的價值深入人心，因此在民國108年（西元2019年）刑法修正時，並沒有廢止第272條，而是用第271條為原罪來加重其刑。（修法後刑法第272條：對於直系血親尊親屬，犯前條之罪者，加重其刑至二分之一。）

　　什麼是「直系血親尊親屬」？我們先理解什麼是「直系血親」。依據《民法》第967條，直系血親系指「謂己身所從出或從己身所出之血親」，這段文字很短也很優美，沒有任何一個贅字，如果翻成白話文就很長了。簡單的說就是繁衍出自己的人，以及自己所繁衍的人都是直系血親。

　　直系血親往上數（尊親屬），一等親是父母，二等親是祖父母；往下數（卑親屬）、一等親是兒女、二等親是孫兒女。所以我們的父母與祖父母都是直系血親尊親屬。

　　在前述的案例裡，檢方聲請羈押殺害母親的許男，但法院用極低的保證金准予交保。可是許男連新台幣5萬元都拿不出來，最後才被收押。如果你是法官，面對這樣的悲劇會怎麼做？

人生可以很美好也可以很殘酷，不是每個人都有好命可以善終。問題是自己有沒有為自己負責？有沒有照顧好自己的健康，避免失能？以台灣的健保來說，有錢沒錢都能有基本的醫療，但也因此產生了「健保巨嬰」，應該控制飲食不控制，應該量血壓不量，應該吃藥也不吃。從根本上解決這個問題，才能減少家庭悲劇發生。否則在這個家庭的悲劇裡，許男長期照顧失能的母親，打零工變成低收入者，將來也很難回到就業市場，就算能好好給母親送終，但許男以後難免是另一個長照的惡性循環。

這不是法律問題，這是社會問題。

【我們的建議】

長照專線1966

有照護需求，建議先撥打長照專線1966，週一到週五，8:30-12:00、13:30-17:30，皆提供提供諮詢與長照申請服務，若是下班時間，直接留言，也會有專人回電。甚至在住院期間，即可向醫院詢問是否可以協助銜接長照2.0「出院準備服務」。出院準備服務是指病患在住院期間，由醫院專業人員針對病患病情進行評估，教導病患和家屬正確照顧技術，並提供病患出院後照顧所需的醫療和福利資源，以減輕家屬在病患出院後照顧病患之困難，並使病患獲得持續性以及完整性的照顧。若需要被長期照護，除了聘僱外籍看護外，有時因為看護申請的費用及等待期，或是同住家屬未必能接受外人同住照料，甚至礙於人力及物力的考量無法全程參與照顧，使用養護機構24小

時的照顧服務也是照護的選項之一。在選擇機構前，初步篩選出符合需求的機構，比如離家遠近、機構環境、服務態度、照護品質、收費標準等，親自到機構參觀，了解機構實際照護狀況，多看看幾家，貨比三家不吃虧。建議評量項目包括：（一）是否為合法之立案機構、（二）照護是屬於專業性照顧或非專業性照顧、（三）具備消防安全設施：防火建材、滅火設備、緊急逃生設備及通報系統、（四）有預防跌倒輔助設備（如：床欄、扶手、防滑地墊等）、（五）環境衛生、（六）服務人員照護技能、素質與服務態度、（七）住民服裝儀容乾淨整齊等居住狀況、（八）若有疾病狀況改變時，是否能及時獲得醫療服務、（九）合理的收費：清楚契約收費標準及收費項目，如：自費項目、保證金、短期離院收、退費問題等。有些機構甚至需要較長的時間等待，有的機構未必有能力及人力照顧失智症患者。

交通接送復康巴士

　　不管是在家照護或是機構照護，大部分的家庭都有可能需要使用長照制度中的交通接送服務，讓長照給付對象得以往返居家至社區式服務類長照機構或至醫療院所就醫、定期式復健、透析治療等。衛福部自111年2月1日起，新訂「長期照顧服務給付及支付標準」，其中提供長照失能長者往返居家至醫療院所就醫或復健之交通接送服務（DA01碼），將放寬使用對象，經評估屬長照需要等級為第2級（含）以上之長照失能者，不分偏鄉或都市，皆可申請交通接送服務。但此交通服務因為車次及服務人力有限，僅限於醫療相關，而無法作為旅遊的交通工具，此限制身障、失能者除了就醫以外的活動。但目前有不少計程車，已改裝成能接送高背輪椅的規格，但使用者必

須自費，且提前預約，仍舊有許多醫療與旅遊的不方便性。

除了長照2.0有交通接送的服務，各縣市政府社會局身心障礙福利，也多有提供復康巴士可申請交通接送服務。建議同時洽詢當地的長照中心和身心障礙福利部門，比較不同服務方案計費方式後「擇優使用」，例如：當有就醫（含復健）需要時，可使用長照2.0的交通接送服務和身心障礙福利的復康巴士搭配使用，但都必須要幾天前就事先預約來回的車程。目前長照2.0交通服務，各縣市方式不一，但比如新北市政府衛生局，及提供「長照交通接送統一預約服務系統」，而有些縣市則必須由單位指派特定車輛服務，且需要幾天前預約，無法提供臨時就醫的交通服務。另外，若有醫療用途之外的交通需求，也可使用身心障礙福利的復康巴士（但就醫需求即非常難預約，非醫療的交通需求幾乎不可能提供）或無障礙計程車（自費）。但若為臨時需要，則只有自費的無障礙計程車可供選擇。雖目前已持續有車隊及車輛投入身障的交通接送服務，但仍嫌不足，甚至失能者要出門，除了交通需要協助，還要從床或椅移動到車子上，以及跨越門檻及上下樓的困難。部分提供交通服務的的司機，願意提供攙扶和背負的服務（有時需另計費用，需要時應先詢問）。若無法出門又有就醫需求，則可連繫各縣市長期照顧管理中心協助轉介「居家醫療」，由醫療人員到家中提供醫療服務（如換鼻胃管）。不方便出門的患者，抽血檢驗也能有護理人員到家中協助，惟必須先至醫院取檢驗單，待護理人員到家抽血後，再自行送血液檢體到醫院。送檢體的過程及保持溫度等問題，居家醫療無法全程協助，雖立意良善但執行端限制服務的使用度。總之，若不確定能使用什麼長照資源，或是不確定是否需要長照，可以先進行一分鐘的快速自我檢測長照需求（圖四）。

1分鐘
快速自我檢測長照需求

詳情請搜尋長照專區

您與您的親友是否有以下情形？

① **有失能或失智情形需要照顧？**　　□ 有　　　□ 無

選擇「有」：您或親友可能是長照2.0服務對象，若還沒申請長照服務者，敬請撥打1966長照服務專線，讓照顧管理專員到宅評估，依需求提供長照服務。

若您是擔任失能或失智親友的照顧者，以下問題請依感受程度分為1到5分，分數越高越符合，請依您直覺的感受程度圈選

② **覺得照顧得很累，自己的身體狀況愈來愈差**　1　2　3　4　5

③ **覺得照顧時壓力變大、心情變差**　　　　　　1　2　3　4　5

④ **照顧已經影響生活步調或工作收入**　　　　　1　2　3　4　5

★**項目②~④計分說明：**

合計5分(含)以上：您可能已有不同程度的照顧壓力，請撥打1966長照服務專線，讓長照服務盡早介入，有利於減輕您的負荷。

若家有聘請外籍看護工，也可以透過撥打1966長照服務專線，經評估符合長照失能等級，將由長照人員提供您或親友專業的服務！

 衛生福利部
Ministry of Health and Welfare　關心您 敬告

從圖五（見下頁）可知，台灣引進移工不僅沒有搶走本勞的工作機會，反而降低了台灣的失業率。這與我在2016年發表的比較表（圖六，見下頁）趨勢一致。台灣的失業人口在2008年全球次貸風暴時攀上20年間的最高峰，請注意在此同時台灣移工的數量也微幅下降，亦即台灣的失業率與移工的總數呈反比現象。接著一直到2013年，台灣移工總數來到48萬人，與失業人口呈反轉交叉，移工總數越多本勞失業總數越低。尤其2021年因為疫情的關係，移工總數銳減3萬多人，本勞的失業人數則增加1萬1千人！在在證明移工提升台灣經濟與降低失業率的貢獻。但至今仍有曚昧之音，認為引進移工會搶走本勞就業機會。

　　更嚴重的是台灣的出生率，除了穩居全球最後一名，從2015我提出警語時還有21萬名新生兒，但短短幾年時間，2022年的新生兒僅剩13萬，幾乎腰斬！但執政黨仍視若無睹，繼續禁絕家庭幫傭！

　　長照的人力更需要引進大量的移工。在一場由溫玉霞立委主持的記者會上，出席的身障朋友不只人談到如果無法活得有尊嚴，無法有穩定的照護人力，建議政府通過安樂死，讓他們可以被評估是否有資格選擇安樂死。

圖五、台灣2001-2022年移工、失業及出生人數統計表

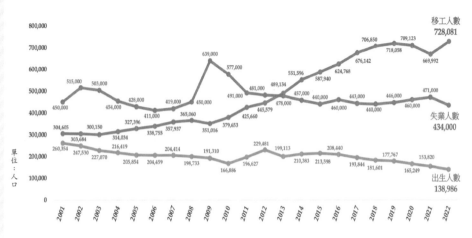

單位：人口

資料來源：行政院主計處／勞動部

圖六、台灣近25年失業、出生、外勞人數統計表

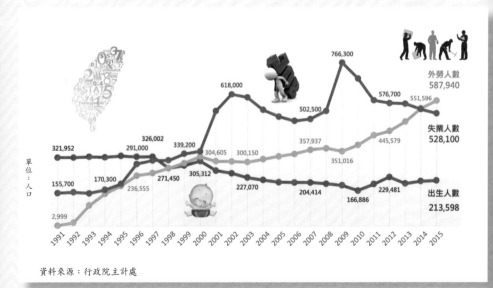

單位：人口

資料來源：行政院主計處

無預警的生命考驗，未必有原因

在台中大里巷弄內的一棟透天三層樓中，住著陳姓一家4口，一家子為承攬磁磚工作的小包商。37歲的兒子一出生就有身心障礙的狀況，精神上有點問題、反應慢，且生活無法自理，37年來都是由媽媽帶在身邊照顧。事發當天，兒子感冒不舒服在家，62歲的母親便留下來照顧，爸爸及女兒則出外工作。父女倆在晚間6點多收工返家後，發現妻兒倒臥血泊中，無生命跡象。位在3樓的兒子房間，37歲兒子不但被雙手反綁，右額頭有一個一元硬幣大小傷口，眼睛戴有眼罩，頸部處明顯可見2、3條刀傷，腹部穿刺傷；至於62歲的妻子則倒在地上，腹部多處穿刺傷口，全身是血，兩人周遭還有多罐空的安眠藥、榔頭、兩把水果刀、繩索。由於照顧者身心疲倦，加上長期失眠，該名母親服用身心相關的藥物也將近10年。警方初步研判，疑似是劉母這個媽媽不堪陳男長期有疾病的照護，以致她身心俱疲造成這個人倫的悲劇（今周刊，2023）。

張姮燕老師　　*Heidi*

　　從自己父母親先後生病的經驗中，我比別人更早體會不是只有老人需要照護，只要家中成員遇到疾病或意外，照護的問題很有可能壓垮一家人。像爸爸是早發性失智，當他的記憶力及認知功能下降時，才五十來歲，身體的機能都還不錯，且沒有慢性疾病。但這個不可逆的疾病，照顧起來可不簡單，所以就算瞭解失智症病程變化，也很幸運的有教會、醫院等資源，提供照護資訊，可以在疾病的進程中建立新的生活模式，並利用資源減輕照護壓力，但一路走來，還是跌跌撞撞，甚至偶爾摔得鼻青臉腫。

　　爸爸剛出現失智症狀時，我們聘僱一個很盡職且單純的印尼看護阿雅，那時候爸爸不需要太多的照護，但必須要有人隨時在身邊以免走丟或是忘記吃飯。阿雅總是會按照每天的規劃，定時的陪爸爸去公園散步、到教會舉辦的日間照護中心參加活動、到福智聽經聞法，讓在我上班的時候，爸爸也每天也可以有不同的活動讓他不要呆坐在家。後來阿雅續約的時間到了，仲介不知道為什麼原因，急著把她送出境，簽約下一個印尼看護阿蒂到家裡來，開啟了看護一個換過一個的悲慘時光。阿蒂年紀很小，才22歲，而且對失智症毫無理解更不具照顧的技能。害怕照顧失智病人的情況下，沒多久仲介就把人帶走，而且不願意補下一個，仲介不幫忙聘看護的理由永遠是：「失智病人難顧、很難找看護」！既然舊仲介不願意幫忙物色看護，我只好趕緊依照勞動部公布的仲介評鑑結果，找了一個在高雄美術館昂貴地段開的評鑑Ａ級仲介，希望政府認證的好仲介，可以幫我找到穩定的照護人力。結果事與願違，這個評鑑Ａ級仲介，在2014年年底就以高於市場行情的價格，收走3萬2的買工費，給我一個只來一個月就不做的印尼看護，仲介拒絕退費也不願再補下一個工人，把看護帶走的同時，落下狠話：「吃過的餐點還想退錢？失智症難顧，妳也難聘下一個」。

失智病人難顧的狀況，把罹患失智症的病人跟家屬打入十八層地獄，但就算在試圖讓病人好顧，在調整藥物的過程中，也是得漸進式試著不同的藥物，既不能讓病人沉睡一整天，也不能讓他白天睡覺、晚上不睡讓大家日夜顛倒。所以在父親出現幻覺、暴力、黃昏症候群的病程，我諮詢不下20個仲介，透過最少6個仲介，付了一筆又一筆的「買工費」，聘僱不同國籍的看護與照服員，這些來自印尼、越南、菲律賓、中國與台灣的照護人力，在我家上演各種戲碼。荒謬劇輪番上演，包括台籍照服員堅稱在房間看到鬼神；印尼看護演昏倒不做事直到仲介來才嚇到起身；越南看護穿著迷你短褲與內衣在家中旁若無人；菲律賓看護半夜想家而大哭；台籍照服員老公來家裡鬧離婚，要老婆回家別工作；甚至有看護整個晚上在廁所視訊，後來仲介發現她手機都是不雅照，直接被仲介帶走。

　　在面對失智症不斷惡化的進程中，還得處理各種照護人力帶來的問題。很明顯的，照護品質跟國籍無關，而是台灣對看護人力品質的把關跟教育訓練，出現問題。在父母親生病前單純一家四口居住的環境，頓時成了各式人力進進出出的「照護培訓機構」，而好不容易教好了，還是會被左右鄰居跟公園成群結隊的外籍看護影響，比較誰交了新男友、放了多少假、加了多少薪水。倒是沒有看護在彼此分享老闆是否找了長照資源，訓練怎麼拍痰、做復健跟移位！而這些選擇離職的看護們，起碼沒有用逃逸的方式結束我們之間的聘僱關係，只要不逃逸，就不會造成突如其來的照護空窗。更令人氣結的就是外籍看護發自自由意志選擇丟下照護工作，身為受照顧者其實是受害人，竟然得被懲罰三個月不能聘僱看護（從2023年5月起家庭看護工逃逸的空窗期改成一個月），所以面對先後逃逸的兩個印尼外勞，為了聘僱下一個看護，又多花費兩筆買工費，而空窗期由台籍看護聘僱的費用，也是筆額外且不小的開銷，且申訴無門。

童文薰律師 *Winifred*

我父親一直有高血壓的問題，不到70歲中風，晚年很辛苦。他是個美食家，也擅長做菜。但因為我母親是更傑出的料理高手，所以我父親很少下廚。有很長的一段時間裡，他固定與三五好友在台北西門町聽戲或相約打牌或上館子吃飯。直到他警覺到身體健康亮紅燈，每天早上轉而早起，去承天禪寺爬山。但我從未陪他爬過山。那時我在大學，為了免去通車的時間浪費，在台北租屋；畢業典禮第二天我就去新竹工作，然後結婚。現在回想起來，父親以我為榮，父親愛我毋庸置疑，但我們相處的時間很少，我們的對話也少。

父親生病時，我們兄妹三人都已離開土城各自成家。母親一人獨自照顧他。我建議母親，應該請個外勞分憂。但她非常排斥這個提議，理由是語言不通而且她不習慣差遣別人。這段時間母親的情緒一直很不穩，照護者的壓力調適問題逐漸浮現。我說不出口的擔心，害怕有一天惡夢成真——母親會帶著父親一起解脫……

那段期間父親原本在台大醫院就診，但後來他只願意去台北榮總。於是我跟外子商量，在台北榮總附近租較大的公寓，把父母接來與我們同住。外子毫不猶豫，與我一起承擔這個責任。不管是醫院接送甚至陪床，他都比我盡心盡力。我們不要求兄長必須分擔這項責任，因為強迫父母在不同的地點輪流住，只是徒增父母的痛苦。父母跟我們住，我們也免去探望奔波，心裡自在。

　　但母親卻不自在，心底總希望能跟兒子住而非與女婿住。儘管如此，在我們與父母同住的20幾年裡，我好廚藝的母親疼女婿，每天等他下班回到家都快8點了，一定端出現做的四菜一湯，兩人有說有笑，感情特別好。我父親在2008年離世，外子哭得比我還慘。後來母親搬去與我大哥同住，外子還經常與她通電話。這樣深厚的親情，在外子發生意外之後，我選擇隱瞞母親。

　　這三年來我的母親記憶力也開始退化，常常聊著聊著又回到前面的問題，一再重覆。她會問我女兒「爸爸呢？」，孫女答「去探望台南阿公阿嬤，回台南去了」。

　　外子是回台南了。他安息於台南一處山明水秀之處。

　　但他的離開不需要讓白髮人傷心。

　　終有一天我們都會再相逢。

　　每個家庭都有不同的生命考驗，活著的人只能學會「隨波逐流」，波浪來了，順勢而為；大風來了，順勢而為。能在人生的河道裡逐浪前行，每一天的考驗都不簡單，沒有誰比較容易。

Call out 求援

　　穩定的照護系統與社會安全備援系統，能讓失能者及家屬，不管是在照護上或是心理上遇到問題，都能及時獲得協助。若見到有外籍看護或是照服員或是家屬，不當對待受照護者、老人或小孩，也有可以通報的專線電話。建議把這些可能會使用到的電話號碼，輸入到手機，例如：

1、有照護需求，播打「長照專線1966」，服務時間：週一至週五，上午8點30分至中午12點、下午1點30分至下午5點30分。

2、有聘僱外籍看護問題，播打「勞工專線1955」，全年無休。

3、有失智症照護與資源等問題，撥打「失智症關懷專線0800-474-580」，服務時間：週一至週五，上午9點至下午9點。

4、有心理壓力、情緒困擾、自殺防治等相關服務，撥打「安心專線1925」，服務時間：週一至週日，24小時服務專線。

5、老年或身心障礙者受到身心虐待、疏忽或其他嚴重傷害其身心發展之行為，撥打「113保護專線」，全年無休。

6、安寧醫療或臨床照護問題，「安寧療護免付費諮詢專線0800-008-520」，服務時間：週一至週五，上午9點至下午9點。

7、需要照顧者資源轉介、喘息服務、心理協談等，「服務家庭照顧者關懷專線0800-507-272」，服務時間：週一至週五，上午9點至下午5點。

8、急難救助、社會救助、福利諮詢及通報轉介等服務，「福利諮詢專線1957」，服務時間：週一至週日，上午8點至晚上10點。

9、其他電話：生命線1995、張老師專線1980。

　　美國失智協會（Alzheimer's Association）顧及罹患失智症人口急遽增加，而失智症照護有其困難度，尤其對病人本身及其同住家人，常有許多壓力及挑戰。因此提供免費的24小時全年無休的服務專線，1-800-272-3900，其提供專業的醫療照護建議給失智症病人、照護者、家人及一般社會大眾。熱線提供的專業服務內容，包括失智症的決策支援、危機協助以及患者家庭每天面臨的問題等協助，也可提供當地有關失智症醫療或服務計畫的內容，甚至提供法律、財務、護理、治療方案的資訊。而這專線也有多達200種語言的專職人員，提供服務諮詢。畢竟失智症患者隨時的狀況不一樣，這樣的專線，就能提供失智症患者、家屬、照護者的社會安全網，值得參考。

12 找到生命中的價值，體驗生命的意義

　　一位居住在高雄的受照護者馮小姐，2007年因意外受傷，導致頸部以下四肢癱瘓，成為重度身障者，需要隨時有人在身旁照料，協助其日常生活起居。身為單親媽媽，受傷那年，只有國小五年級的女兒就要學會如何照顧馮小姐，包辦換尿布、洗澡、清理大小便、吃飯等一切生活所需。剛受傷前5年，足不出戶，後來慢慢培養一技之長，成為口足畫家，並開始聘僱外籍看護與她同住，照料其日常生活起居。有一天，看護在馮小姐毫無防備下，記下她的提款卡密碼，捲款、遺棄、逃逸。無助的她，透過爆料公社和自己FB踢爆後，外籍看護自首到案。案發當時，因女兒還在外就讀大學（目前已畢業工作），受照護者需要照護人力，且食衣住行皆需要人協助重症個案，要臨時聘僱台籍看護，經濟上無法負荷，而要聘僱外籍看護，也須重新訓練，甚至買工費也是一大筆開銷。於是向檢察官求情，並讓外勞回來繼續工作，用工資抵銷偷竊的錢，直至期滿。

張姮燕老師 *Heidi*

　　不知道從何時開始，這句「你永遠不知道，明天和意外哪個先到」就常浮現腦海，但沒有體會過意外隨時會到的人，這句也不過是個提醒大家珍惜每個當下、愛要及時、但求無悔的勵志金句。小時候，有誰會去想過意外？總是只期待長大後要做什麼，而不會預期人生中會有「外來、突發、非疾病」的情事發生。但隨著年齡漸長，不想消極地說苦痛更多，但也多少認知到人生充滿許多的不可預期，而這些忽然發生、無預警且無法預防的事件，需要「時間」這帖良藥來來醫治，也需要人生的智慧來解釋這些意外發生的價值與意義。以前常常想，爸媽也沒做什麼壞事，為什麼是他們生病？又為什麼要來人生體會這麼痛苦的旅程？後來發現，原來有許多病人及家屬，都有同樣的疑問。平凡如我，不知道真正的答案，但我清楚明白討厭的答案，目前就先接受沒有答案也是答案的狀態。

　　母親罹患的是惡性腫瘤，確診時已經是癌末，癌細胞擴散到身體和其他器官的過程，對身體的破壞極強，看著母親的身體不敵癌細胞的摧殘，對病人及親人而言，都是一場精神與體力的折磨。父親罹患的是早發性失智症，是一群症狀的組合，不單純只是記憶力的減退，還伴隨其他認知功能及身體功能的退化，而這病程戰線拉很長，只能看著病人的記憶跟行為，日漸退化。兩個不同的疾病，對我們家庭而言，都是意外，因為沒有人料到每天早睡早起的媽媽，會罹患肝癌，也沒人預想到親朋好友口中文筆很好、每日動腦為學校庶務繁忙擔任總務主任的父親會五十來歲就出現失智症的症狀。

　　但既然無預期的事情發生，就必須面臨意外降臨時的處理。記得當時母親癌細胞已經侵蝕到脊椎，內科跟骨科醫師給的建議不大一

樣，當然更不用說「安寧醫療」建議的方向就是「只要病人舒服」。保守的建議就是什麼事情都不要做，尤其不建議癌末病人開刀。但最後，在諮詢second opinion（第二意見）後，媽媽跟我們選擇骨科的建議，在脊椎兩側打入鋼釘，起碼還可以坐起來，維持一點生活品質跟尊嚴。而父親有一次在家中意外跌倒，送醫後醫生認為是水腦，建議開刀，同樣諮詢第二意見，決定開刀後的剛開始幾天似乎有點改善，後來卻造成更嚴重的失智症狀。回顧每個決策，都彷如昨日，最常問自己what if（倘若）的假設性問題，反覆檢驗是否還有更佳解（better alternative）。更常思考的是，病人真的會舒服、會不擔心、會放下嗎？恐怕只要自己不是病人，就算是最親近的家屬，應該都無法回答這些問題。但經過這幾年，心中似已明瞭，但也提醒自己必須放棄「自虐」的找尋答案。

　　除了饒了自己不要再找答案，也體會雖然人生無法避免意外，卻可以盡量趨吉避凶，而在面對問題必須抉擇時，「不後悔」是這些年照顧過程中的最高指導原則。所以，在面對醫療決策時，首先當然要先諮詢專科醫生的建議，並且要多詢問一些醫生，最好能夠有醫療團隊整體評估做出對病人最好的建議。接著，病人的家屬基本上不會只有一位，直系、旁系親屬通常也都會有不同的看法，如果病人還神智清醒且能自己表達，病人的意見很重要，我們必須學習尊重。病人在生病的進程中，身體跟精神的不舒服，也會影醒其情緒跟判斷力，所以身為家屬，既然不能代替他們承受疾病的痛苦，「陪伴」便是很重要的一環。照顧與陪伴的路，可以很長，也可能極短，至今我很感恩可以陪伴媽媽走到人生的盡頭，雖然回想起來很痛也不捨，但我們都知道彼此盡力了。至於還在疾病進程中的父親，同樣以「豈能盡如人

意、但求無愧我心」的想法持續陪伴。不同的是，媽媽生病時，我可以每天陪在醫院度過無數個夜晚，而12年後，我也較當年睡在病房多了12歲，無法提供同樣照護等級地陪伴住院的父親，所幸還能聘僱到可靠且年輕力壯的外籍看護陪父親在病房度過無數個夜晚。想到如果連聘僱穩定照護人力的選項都沒有，為人子女的懊悔與自責，又將會是另一個無止盡的深淵。如果說照顧我父母親在人生上有什麼意義，或許就是讓我看到照護的需求以及穩定照護人力的必要性，所以透過「社團法人台灣失能者家庭暨看護雇主國際協會」發揮的一些影響力，希望喚起更多人注意到穩定照護人力的重要性。

童文薰律師 *Winifred*

從1993年起我就因為父親的病情而聘請外籍看護工，但一直到16年後父親離世，還有一些親友問我，長輩生病了，該不該請外勞？「照顧長輩應該親力親為」不是嗎？等到他們的長輩真的臥床，有了切身體會之後，他們紛紛改口「真的需要有人幫忙！」

但外籍看護工可以完全替代家人的照顧嗎？答案是：不能。

為何要從他國引進看護工，無非是因為缺工的家庭付不起本地人力，而本地看護人力也缺乏。所以現實的需求是提供比本地低廉的薪資人力，解決這些有需求家庭的困境。而外籍人力多半不懂中文閱讀，剛到台灣時只具備簡單的華語溝通能力。

不懂中文閱讀是優點也是缺點，這可以降低同住者存摺或提款卡被盜領的風險，但也增加了餵藥、看護的困難。是否定時餵藥？能否理解醫囑？這都是外籍看護工不宜與被看護者獨居的理由。可是每個家庭的條件都不同。

本例馮小姐是重度身障，女兒在外地就學，管理存款的方法，必須有可靠親人代勞。否則不管是請外籍或本國看護工，盜領存款的誘因都太大了。

我有朋友同時聘了外籍與本國的看護工，後來是街口的銀樓提醒她，她才發現結婚的金飾都已經被兩人分別盜賣。

我自己在聘用外籍看護工的過程中，也有物品失竊。但我的態度是身外之物別在意，不能丟的東西都放銀行保險箱。其餘就算了。所以也沒有在家裝監視器。這個前提是我母親很健康，外籍看護在她監督下做事。

我並不信任網路監視器，因為保全公司員工或者駭客可能會利用

這些設備，反而侵害了你們全家的隱私權。住家可以裝保全，但電子裝置到大門口與主要門窗就好了。這麼說可能會被保全公司抗議，但真的有朋友投訴過，出國返家發現家中客廳有人——原來是保全公司員工持有鑰匙，進入他家休息！

但如果沒有協同照顧的人力，或者上班時間無法兼顧，那麼在必要的角度裝設監視系統可能難以省略。

能上網的監視系統，除了設備費用之外還有網路費用。一般一台電腦可以控制四組攝像鏡頭，再往上一級費用更高。連結的電腦可以提供錄影的功能，錄一個月的影像才覆蓋掉前面的影像。現在記憶體不像幾年前那麼貴，使用較大的記憶體負擔不重，當然也可以存在雲端，但會有其他的費用產生。

問題是在家裡裝攝影機，是否有侵害受僱人隱私的疑慮？其實為了保護雙方，攝影機是合法的工具。比較難的是究竟要不要在浴室裝攝影機？畢竟有些公寓只有一套衛浴，如果裝了怕侵犯到移工的隱私，但若不裝又怕成為虐待被照顧者的死角。

但生命會自己找到出路。與移工好好協調，將心比心，必能協商出解決方法。

如果不幸發生虐待事件，雇主應該去醫院開立驗傷單才能保護自己的權益。因為台灣社會有很多保障移工權利的團體，也有移工來源國在台辦事處的協助，加上翻譯以及經常站在移工立場的勞動部與各地勞工局官員，雇主反而是不懂法律與孤單弱勢的一方。但既然聘用了移工就要明白這些可能的情況。不要怕麻煩，不敢去報警。第一時間的決斷力是關鍵。

本例的馮小姐主張了法律上的權利，但最後以和解的方式落幕，既避免了重聘看護工的支出，也抵回了她被竊的損失。只有自己堅強勇敢，才能保護自己的權益。

　　但這也讓人想到，申請美國簽證要申明是否有前科，甚至有些情況要提出良民證（警察機關出具無前科證明）。我們在聘用移工之前，是否也可以要求對方出具良民證？此外，約束這些移工的另一個方法就是評鑑。雇主可以評鑑移工，移工也可以評鑑雇主，這些資料應該上網建檔並開放給其他雇主查閱。甚至可以透過跨國合作，讓那些不良的移工甚至有精神疾病的移工，不再以弱勢雇主為跳板，讓這些重病患者家庭在長照路上一再跌倒受害。

　　遇到移工竊取財物或虐待受照顧者時，第一時間應打電話給仲介並向地方派出所報案。如遇移工逃逸，請參照本書第一章第六篇末段的通報方法，向勞動部通報。

　　不管是否提告，驗傷單以及財物損失證據都要備齊。傷害罪是告訴乃論，竊盜與遺棄罪爲非告訴乃論，差別在於只要報案內容是竊盜與遺棄行爲，而檢察機關必須進行偵查，提告者不能撤銷告訴。但實務上只要提告者願意撤告，檢警都會通融處理。

自由聘雇才能解決問題

　　台灣政府不分藍綠，30年來一直以巴氏量表控制公民自由聘雇移工的權利，這個部分我們主張應與新加坡及香港採取一樣的自由市場機制，政府不需介入。但巴氏量表可以用於評估給予福利的標準，或者免徵就業安定基金，以及給予喘息照顧的時數。以本例馮小姐的情況，使用巴氏量表來評估是否免徵每個月的就業安定基金以及長照2.0的福利才有意義。

政府部門主動對海關司法通報

　　依據《入出國及移民法》第四章外國人入出國第21條第一項規定，外國人有下列情形之一者，移民署應禁止其出國：

一、經司法機關通知限制出國。

二、經財稅機關或各權責機關依法律通知限制出國。

所以能夠限制在台灣犯法的移工出境，使其負起民刑事責任的單位，一個是司法機關，一個是財稅機關或各權責機關。但實務上我們經常看到這些犯法的移工，在某些人士（可能是怕事的仲介或者其他共同犯罪集團）的建議下，在逃逸之後迅速離境。而司法機關要啟動對移民署的通知程序緩慢，除非是重大案件由檢警主動通知海關。如果要由弱勢雇主來完成這整個流程，不僅是沉重的法律負擔，也讓遭受傷害的雇主家庭在收拾善後的過程裡遇到一堵又一堵的行政高牆。

逃工的問題是制度造成，應該由政府來完成這個通報限制移工出境。方法很簡單，在雇主完成本書第一章第六篇末段的移工失聯通報後，勞動部可檢視這個移工的合約期限，並及時通報海關限制移工出境。如此才能讓違法者面對法律責任，也杜絕移工竊取財務逃逸沒有任何後果的誘因。

移工應備良民證

另外，目前聘僱外籍看護沒有進行背景調查，而長照2.0中的照護人力—照服員要從事照護工作，必備良民證的做法，就值得勞動部採納。目前只能透過看相片，以及制式的履歷及語言彼此不通的面試進行聘僱，增加聘僱看護的家戶許多風險。除了背景調查，健康、心理的檢查報告也必須完具，而當外籍看護在台期間有健康或是心理上的問題時，應找仲介，以及請看護就醫，進行醫療的判斷及處理。

13 因為愛

　　康健雜誌（2016）的報導，引述成功大學附設醫院老年科主任張家銘：「當長輩離開醫院後，家屬選擇送進照顧機構，我都會建議要不要考慮請外籍看護？」。張主任表示並不是對機構有偏見，而是當他在醫院努力訓練臥床長輩能夠坐起、下床、站立甚至到走路，進到照顧機構後，長輩卻被規定不准下床，說要上廁所反而被綁起來，他也有病人被綁到骨折都沒人發現，所有努力都成了徒勞。90多歲的魏伯伯放了鼻胃管，因家人皆在外地工作，平日僅與看護兩人同住，他因鼻胃管不舒服會無意識拔管、情緒躁動，看護在無人可以協助輪替照顧環境下，給予身體約束。「零約束」早已是世界潮流，世界衛生組織也將身體約束視為虐待老人，台灣老人何時才能鬆開約束帶，遠離被當成物品的恐懼？為降低約束率與避免不當約束所造成的傷害，家庭照顧者可透過由長照2.0喘息服務提供短期照顧服務讓家庭照顧者獲得休息。多數家庭照顧者不了解正確約束時機與替代方式，透過居家護理師到宅教導正確約束知識與技巧，進而減少居家照護個案被約束的情況（自由時報，2020）。

張姮燕老師　　*Heidi*

　　這十幾年的照護時光，以爲放棄的東西不少，包括愛情、事業、夢想，但在照顧生病的父母親轉個彎後回顧目前的人生，其實仍舊擁有著愛情、事業與夢想，只是或許跟原來的規劃與期許，沒在同一條線上。看著生命的更迭，總不免思索，人活著，到底爲了什麼？這個問題，我至今沒有答案。回想約莫七年前，爸爸的失智症正是最難照顧的時候，有嚴重的譫妄，出現晝夜節奏混亂，白天昏睡但整個晚上講話或遊走，也間歇性出現情緒障礙及知覺障礙，常把我當作闖入家中的陌生人，而要捍衛自己的領土而跟我產生肢體衝突。甚至，有一天在我出差到南投訪視實習的學生時，看護緊急來來電說爸爸把櫥櫃給拆了、馬桶給砸了、幾十公斤的餐桌也給翻了。於是我趕緊聯繫友人先到家裡試圖看是否可以有熟識的臉孔，來安撫一下躁動的父親，同時趕緊驅車返回高雄。在南投回高雄這兩小時的車程，既心急又無計可施，總算趕回家後，看到毀損的家具，以及已經忘記剛剛大鬧天宮、一臉無辜的爸爸。

　　看到老爸，急著先檢查他有沒有砸傷自己，驚訝地發現把這麼多東西暴力拆解，連馬桶水箱蓋都被砸在地上的他，竟毫髮無傷。發病前大家口中脾氣及修養超好的「好好先生」，因爲失智症，竟然可以隨時變成「綠巨人浩克」，而且因爲黃昏症候群，越晚越容易變身。每次爸爸開始變身，我都還會開玩笑地提醒他「爸，虎毒不食子喔」！就這樣一邊開玩笑、一邊收拾殘局的，也過了那段失智症最混亂的照顧時期。父親疾病的進程使得每天的狀況不大一樣，而我還有全職的教職，要顧及教學、研究與行政工作，到底靠什麼走過來？我想，應該是「愛」。一直記得考上高雄女中的那天，父親跟我說，「一路保護妳在特殊教育班級，之後不用擔心妳遇到壞朋友」。父親

對子女的愛，總是含蓄，而不會撒嬌的我，更不可能像妹妹一樣講出什麼甜言蜜語，但這句話卻深深烙進腦海。所以這些年來，總是想到父親這樣保護著我，當他沒有辦法保護自己、失去健康的身體時，我不也該同樣保護著他嗎？

因為失智到中期以後的病人，已經慢慢失去自理的能力，所以聘僱看護在旁協助生活起居，我才能保有自己的工作、維持生計。從父親發病至今，只要台灣有引進看護的國籍，幾乎蒐集過一輪，日照中心與安養中心也都待過，居家服務、居家復健、居家醫療，也都曾使用過。當失智程度發展成為中、重度時，一般的日照中心與照顧據點也就力有未逮，而身為家屬看到這些據點的服務人員因為開始難以提供服務而面露難色時，就得尋求穩定的照護人力，才能維持自己及失智病人的生活品質。但這說來簡單，執行上非常困難。

首先，不是所有的機構，都能有能力跟人力照顧失智的病人，有的必須接受約束的行為，或是已經臥床的病人，才能成為住民。再者，有失語症狀的失智症患者，除了同住家人可以聊天及互動，外籍看護往往因為語言限制及專業能力不足，無法透過語言、活動等刺激，減緩失智惡化的狀況。但台籍看護薪資高，一般小康家庭，無法支付得起，聘僱外籍看護陪伴也成了必然，但最大的挑戰就是外籍看護不想照顧難照顧的失智病人而要求轉換時，以及看護逃跑時突然人力無法銜接的照護空窗期及適應期。所以就算知道失智症的照護重點在於「盡量維持長者現存的能力」，但光是要以穩定並有照護技巧的人力來維持，幾乎是「不可能的任務」。為人子女，都未必能靠著愛，撐完這段照護父母親的旅程，所以如果遇到有愛心、有耐心願意協助照護家人的看護，真的要滿心感激。謝謝這一路走來，陪伴我走過照護之路的每一個人。

童文薰律師  *Winifred*

台灣人有一句話「起家厝不能賣」。爲什麼？因爲這是兒時成長的記憶，也是長輩生活的記憶。牆上的斑駁痕跡都是回憶，「金窩銀窩不如自己的狗窩」。那些總是在談「機構照顧」的人，最容易忽略的就是人的感情需求。這很重要，這是人之所以爲人的核心。

我不排斥機構照顧，但不同社會有不同背景。以美國爲例，很多老人寧可獨居一直到倒下；也有人選擇老人公寓，或者進入機構。美國政府尊重人們的自由，從沒有宣稱「我們的政策是機構照顧」。何以台灣的衛福部長照司會做這樣的宣示？

我們需要什麼樣的政府？依據《憲法》，國民交出一部份的自由，例如納稅、服兵役，其餘的自由完全保留由國民享有。政府應該依法行政，並永遠不忘這個國家是「民有、民治、民享」。但不僅政府經常忘了該如何執政，國民也常忘了自己的自由，被剝奪了也不知道爭取回來。

在長照的領域，因爲台灣的社會住宅沒有成效，依據現況必須倚重社區照顧的功能，政府的資源必須到位——場所是公有場地，人員協同在地志工，讓家庭照顧者得以喘息，並且關懷家庭照顧者的身心健康。但更重要的是長照保險，雨天備傘才是正道。

《保險法》將保險定義爲「謂當事人約定，一方交付保險費於他方，他方對於因不可預料，或不可抗力之事故所致之損害，負擔賠償財物之行爲。」長照完全符合這個定義。但是蔡政府兩任期間一直抗拒長照保險。行政院政委林萬億，是不管部會的部長，以其社會工作學者的背景，負責長照政策的擬定。

我們在第二章第一篇提出社區照顧的建言，針對的就是林萬億把

權力收到縣市政府手上，毀掉已經運作良善的社區照顧，反而一再重覆長照悲歌。

　　林萬億政委拖延不辦長照保險，長此以往將造成更嚴重的社會問題。林萬億為何堅拒長照保險？依據他2023/09/23投書《自由時報》的說法，大致有幾點：

1、長照保險一年要2,300億，錢從哪裡來？

2、如果從勞健保相同方法來扣繳，勞工雇主沒有分攤的誘因，會把成本算到勞工頭上，也就是降薪。

3、換算長照保費，四口之家，每月需繳長照保費822元。

4、長照對象是失能/智者，且僅占老人人口的13.3%，約占總人口的2%。

5、開辦長照保險，政府每年還要負擔40%保費，920億元，財源在哪裡？

6、長照服務提供者（私營）一定會要求提高給付來分食長照保險，最容易找到的名目是機構住宿補助、家庭照顧者現金補助。如此一來，長照將被扭曲為機構化與女性家庭照顧責任。

以上理由可以簡單駁倒如下：

1、錢從哪裡來？應該先思考需求然後合理分配於國家預算，只要政府想做，沒有找不到的預算。前瞻建設就是例子。

2、員工能穩定工作不要經常請假，對企業來說遠比長照保費還重要。

3、四口家月繳長照保費822元根本不是問題。

4、台灣長照人口高達80萬人，影響的家庭人口以四口之家來算，超過300萬人！

5、解決財源問題不難，其實長照保險經費來源很多，例如每年超徵的稅收就足以開辦長照保險。再例如開放家庭幫傭，可以向雇主徵收買工費，也足以充實長照保險財源。

6、現行勞健保制度下，如果醫療院提高給付，如何管理？用相同辦法管理長照保險即可。

讓人不解的是，衛福部長照司長在立院曾公開宣稱「機構照顧是政策」，何以在林政委這裡機構照顧是「扭曲」？至於林政委認為開辦長照保險會委屈女性承擔家庭照顧責任的理由何在，因為沒有統計依據，筆者不予置評。

台灣已於1993年成為高齡化社會，2018年轉為高齡社會，2025年將邁入超高齡社會。在老年人口占總人口比率持續提高的情況下，長照保險勢在必行。

除了長照保險，機構專業化也是我們期待的。如本篇所提到的零束縛，如果機構不分病人類型一概接收，自然無法專業化，也做不到零束縛，因為每個病人的情況都不同，束縛少數「有狀況」的病人就會成為人力不足應付的措施。居家照顧如果沒有喘息支援，光憑一個看護當然難以妥善照顧病人。與喘息支援並行的方法是允許長照家庭聘用第二個外籍護工人力，也讓移工期滿轉聘前的空窗期不再發生。

開辦長照保險與身障保險

政府應快開辦長照保險以及鴻海創辦人郭台銘提出的身心障礙人士保險基金。尤其是身障保險，台灣已有《身心障礙者權利公約》，但高達117萬身障者納保不到十分之一，保額還被規定上限50萬，顯然對身障者的保障不足。政府不該忽視這群人的基本權益。

關於財源，我們建議從開放家庭幫傭來籌募，讓付得起幫傭薪資的雇主來繳稱的「買工費」。但這筆費用不宜納入勞動部對移工雇主徵收的「就業安定基金」，應該用來支援長照保險費。

過去勞動部憑著一紙公告「就業安定基金收支保管及運用辦法」，每年將雇主繳納高達400億的基金使用殆盡，卻不曾用於長照、弱勢雇主、身障人士。本書認為應該區別產業類的移工與家庭類的移工。前者可以繼續向產業徵收就業安定基金，但後者應用於充實長照與身障保險財源。理由很簡單，家庭類的移工沒有取代或影響本地勞動力的就業機會，所以雇主所繳的買工費，不應納入就業安定基金。

台灣目前的家戶數截至112年1月的統計共有9,099,394戶。如果有十分之一的家庭雇用幫傭，依照勞動部原本每月收取5,000元的標準來計算，每年從家庭幫傭的家庭至少可以收到540億的基金。如果再開放一定額度的產業移工，何愁長照保險沒有財源？

而且開放家庭類或產業移工的好處是投保勞健保的人數增加，對勞健保的財務健全有立竿見影的支持效果。

此外，我們希望長照的機構能夠專業化，讓不同類型的病人能夠得到最妥善的專業照顧。同時，應立法禁止束縛病人，配合長照保險，將長輩從機構的束縛地獄中解放出來。最後，應允許長照家庭聘雇第二個外籍護工人力，讓有條件的家庭先解脫空窗期之苦。

第三章

活著的意義，或許是經歷那些人生低谷

14 經歷痛苦與失去，仍發自內心地快樂

台中81歲李老先生，曾是叱吒風雲的航海業鉅子，17年前曾因胃部穿孔出血進行次全胃切除手術合併小腸沾黏，健康與事業開始急轉直下，2022年因嚴重小腸出血造成低血溶性休克，面臨呼吸衰竭、緊急輸血13袋住進加護病房，必須插上氣管內管使用呼吸器才能治療。李先生表示裝上氣切管的5個月，雖然病情逐漸好轉，但氣切管帶來的不適與不便，讓他一直耿耿於懷，當時入住護理之家，不但不能與他人正常說話，每2-3小時還要定期抽痰一次，吃東西也無法由口進食，只能靠一根鼻胃管進行灌食，深有所感自己從掌握權勢變成弱勢族群。胸腔內科許人文醫師表示，若要評估能否成功拔除氣切管，第一步要先檢視先前造成呼吸衰竭的病因是否已經消失，加上病人的各種檢查與生理指數是否達標，這都需要仰賴有經驗的胸腔科醫師來執行。臨床常見許多人都有氣切等於一輩子的迷思，評估李先生的整體狀況後發現他的意識相當清楚，雖然利用發聲器說話時有些痰音，呼吸時稍微費力，但全盤考量患者胸部 X 光檢查、抽血報告、營養指數，恢復到可自行咳痰，移除氣管成功率非常高。許人文說，行醫30多年來已幫助無數患者移除氣管內管和氣切管，呼籲曾接受過氣切的病患千萬不要氣餒，經過身體調養與專家評估，告別氣切機率大，氣切傷口不用縫合，5-7天會自行癒合，可以正常說話、進食，成功恢復良好的生活品質（今日新聞，2022）。

張姮燕老師　*Heidi*

　　要不要急救？要不要插管？要不要氣切？要不要簽安寧？相信這些一連串的「要不要」，都是經歷重症照護的家屬或還有意識的病人，會被詢問的問題。在病情還能掌控時，通常都可以很「理性」的思考，然後給一個要或不要的答案。記得母親罹癌時，因為確認已沒有積極的治療方式，我們一家人假裝冷靜、理性地在醫院，在護理人員的說明下，簽署「安寧緩和意願書」，拒絕疾病末期無效益又增加痛苦的醫療行為。簽下意願書之後，母親的確幾次進住安寧病房，而我也曾經懷疑，台灣的安寧病房是否就是個「什麼都不做、只有等死的地方」。因為總是不明白醫生口中「讓病人舒服」的方式而提出問題，所以安寧病房的醫生，可能也認為我是個難搞的家屬，對我的提問總是嚴陣以待。看著後來母親每天持續因為腫瘤直接引起的癌痛而痛苦不堪，用來止痛的嗎啡服用太多就昏睡、服用太少又疼痛呻吟，我不確定除了死亡到來的那天，有沒有「舒服的病人」。

　　2011年某個周六的下午，母親在家中吐血，急著叫救護車到急診後，便開始漫長的等待。已不記得在那慌亂又有著各種儀器聲響的急診室待了幾天幾夜，才得以轉進普通病房。而在普通病房清醒幾天，見了眾多親友，直到11月11日我拿到學校核發的教職員證後隔幾天，母親便陷入昏迷，直到離世都沒有再清醒跟我們說過一句話。陪在醫院度過的每一個夜晚，睡睡醒醒，直到11月22日早上，護理人員量母親血壓發現數值很低，顯得神色慌張、手微抖，我直覺地知道時日將至，趕緊聯繫在家的妹妹與爸爸，並告知外婆、阿姨、舅舅們，以及大叔叔，讓家族的人第一時間知道狀況。母親留著最後一口氣回到家前，沒有再經歷氣切、心肺復甦等級的折磨。

　　經歷母親那段醫療決策過程，我們也知道必須要提早問父親面對

急救的態度是什麼。父親當時表示，他要急救，要活著。直到父親失智症的程度越來越嚴重，也沒有機會再確認他目前的急救「意向」。本來以為失智重症不會感受飢餓，所以決定不要用鼻胃管餵食，但在幾次爸爸手術或是住院清醒後，不斷咀嚼的反應，朝夕相處的我與妹妹，甚至是外籍看護，都知道爸爸餓了，想吃東西。於是，我們決定放上鼻胃管，起碼不要承受整天飢腸轆轆的不舒服。置入鼻胃管後也是個挑戰，因為爸爸會在半夜三更無意識的把鼻胃管拔掉，讓隔天早上的我們因為無法餵食而緊張不已。還好，長照有提供「吞嚥復健」的服務，在語言治療師到宅進行居家吞嚥復健的過程中，父親的鼻胃管得以順利移除，但每一餐餵食的時間，幾乎都是一小時；每一餐都得小心翼翼地餵食，避免因為嗆咳而造成肺炎。但失智症病人的退化是持續的，這次可以順利移除鼻胃管，不代表下次可以。但因為知道重度失智的父親還是會飢餓，所以下一個要思考的，除了評估由口進食的危險，也得考量「胃造口」的可能性。所以，本來堅定不要插管的我們，看著父親會飢餓也會因不適而拔掉鼻胃管，好幾次也改變了原來假設的狀況。

「繼續拚或是放手」，對家屬而言是個困難的抉擇，有時候決定放手，到關鍵時刻卻還是繼續拚。我不認為改變決策有絕對的對錯是非，因為每個攸關生死的重大決策當下，都是各種選項的權衡，就算認同善終的理念，懂得提早思考臨終階段醫療積極介入的必要性，我們不管是幫自己還是幫家人做最後的醫療決定，也只能做最壞的打算、最好的準備，並接受決策當下的後果。我，至今對急診及加護病房問的「要不要」雖有預設的答案，也信任醫護人員給的專業建議，但我也做好心理準備當「那一刻」到來時，改變預設答案的可能性。這題，真的很難。

童文薰律師  *Winifred*

你是否想過親人面臨急救時，要不要氣切？氣切不是困難的手術，問題是氣切之後台灣卻沒有多少醫院設有呼吸治療科！

有一天我走在路上，突然想到一位中學老師。沒想到下一秒就接到這位中學老師的電話。我很驚喜「老師，我剛才想到妳欸！真是心有靈犀！」但老師卻帶著哭音問我「文薰，妳父親當時做氣切，妳的想法是什麼？」原來老師八十幾歲的母親，也面臨了要不要做氣切的選擇，老師在醫院與其他兄弟姐妹討論著卻難以抉擇。

我父親當時做氣切，我們全家都沒有任何醫療的經驗與思考，在醫師半施壓的狀態下（這是我母親一直反覆陳述的感受），完成了氣切。但因為呼吸治療效果不佳，而且醫院一直急著清病床趕病人出院，所以父親的餘生都沒有脫離氣切的狀態。這樣的生命品質，究竟值不值得維繫？我沒有答案。因為父親不是我一個人的父親，所以我不能一個人做決定。

我告訴中學老師，妳無法一個人做決定。但那些做決定的兄弟姐妹有可能之後變成天邊孝子，再不出現。妳想盡孝也要想想自己與自己的家庭，這個決定做了，無法回頭。

最後的結果是什麼？跟我的推測相同。阿嬤也遇到了進入有呼吸治療科的大型教學醫院後，沒能恢復自主呼吸就被趕著出院，餘生都沒有脫離氣切的命運。但幸而我的老師有先生的扶持陪伴，她的先生也是我的中學物理老師，有時他會偷偷打電話給我「文薰，哪天中午有空，來陪老師吃個飯，妳說說時事或八卦，轉移一下老師的情緒。」就這樣熬著，直到送走了阿嬤，老師才有自己的退休生活。

現在我偶爾與老師們碰面，都會談到氣切的這件事。走過苦路之

後我們能給其他沒有經驗的人什麼建議呢？不能。相同的故事總是一再重覆。的確有人可以在氣切之後恢復機能移除氣切套管。但我所知道的例子卻非如此。要相信專業評估？以我父親的情況與我老師母親的情況，專業評估並未成功。

　　所以要怎麼抉擇呢？我認為唯有在自己清醒健康的時候做好選擇，在什麼情況下是否接受侵入性的維生措施，或者選擇安寧緩和的句點。這個問題只有自己決定才能避免親人的紛爭，也免受臨終之苦。我們在第五章討論。

註一、氣管切開術（tracheotomy）又稱氣管造口術，簡稱「氣切」，它是將氣管軟骨之間做橫向切開以建立人工呼吸道的一種手術。產生的氣孔可以單獨用作氣道，也可以作為氣切套管的插入部位；該管使人無需鼻子或嘴就可以呼吸氣切屬於一種支持性治療，簡言之它和治病本身的治療前景無絕對關係，不會改善病情也不致使病情惡化，它扮演的角色只限於為病患與醫師爭取治療傷病的時間，使治療的過程不致於因呼吸衰竭而影響病情。

註二、插管（intubation）是一種臨床醫學治療，意思是通過人體表及體內的孔腔將導管插入人體，用以輸入和吸出氣體或液體。常見的插管包括氣管插管以通過咽腔及聲門將管插入人體氣管中用於通氣，又或者胃管插管以通過食道將管插入人體胃部抽取胃液或輸入營養液。（維基百科）

正確認識「拒絕心肺復甦術同意書」

急性醫療的介入已不符合治療的期待，反而增加病人傷害時，安寧療護的銜接不僅僅緩解病人生理上的不適，也盡力圓滿病人和家屬的心理及靈性需求，企盼透過安寧療護的推動，讓生死兩無憾。自2000年我國通過《安寧緩和醫療條例》立法後，賦予國人在臨終時的選擇權利，並且可將此意願註記在健保卡的晶片當中。當民眾面臨疾病末期，醫師即可透過健保卡得知意願，進一步與家屬溝通提供病患安寧療護服務。依據《安寧緩和醫療條例》第三條的定義，選擇安寧是為減輕末期病人的身、心及靈痛苦，並增進生活品質而提供緩解、支持性的照護。另根據《病人自主權利法》第14條，預立醫療決定為減少病人受苦，醫院就會詢問是否要簽「拒絕心肺復甦術（DNR）」同意書，需要急救時「不電不壓」，也不提供洗腎、插管、葉克膜、幫浦、靜脈營養、抗生素等積極治療。第14條規定，病人符合下列臨床條件之一，且有預立醫療決定者，醫療機構或醫師得依其預立醫療決定終止、撤除或不施行維持生命治療或人工營養及流體餵養之全部或一部：

一、末期病人。

二、處於不可逆轉之昏迷狀況。

三、永久植物人狀態。

四、極重度失智。

五、其他經中央主管機關公告之病人疾病狀況或痛苦難以忍受、疾病無法治癒且依當時醫療水準無其他合適解決方法之情形。

前項各款應由二位具相關專科醫師資格之醫師確診，並經緩和醫療團隊至少二次照會確認。醫療機構或醫師依其專業或意願，無法執行病人預立醫療決定時，得不施行之。前項情形，醫療機構或醫師應告知病人或關係人。醫療機構或醫師依本條規定終止、撤除或不施行維持生命治療或人工營養及流體餵養之全部或一部，不負刑事與行政責任；因此所生之損害，除有故意或重大過失，且違反病人預立醫療決定者外，不負賠償責任。

　　意即，法律規定，病人必須要符合此病人的五項臨床條件，再加上兩位專業醫師，所以不要誤會簽訂DNR醫生就不會急救。

　　衛福部長照司預告2023年起將取消符合長照需求（CMS）等級2至8級之失智者共同獲得長照A單位（社區整合型服務中心）及失智共同照護中心個管服務。在提議中，112年起確診的失智者一旦使用長照服務（例如：居家服務、日間照顧、輔具及無障礙環境改善、交通接送服務、喘息服務等），將不能獲得失智共同照護中心的服務（例如：照顧技巧指導、就醫輔導、失智症相關諮詢等）。台灣失智症協會徐文俊理事長表示，失智和失能的照護需求不同，且隨病程發展失智家庭將不斷面臨新的照顧議題，有賴失智共照和長照這兩種不同專業的照顧資源合作照護。失智者除非完全失能，由CMS2到較嚴重之CMS6，其精神行為症狀越形嚴重，其失智症照護需求增加，新制卻使得失智家庭驟然失去共照中心之支持。台灣失智症協會湯麗玉秘書長則感嘆，新制像是把失智失能家庭帶回106年以前、還沒有失智共照中心的時代，盼衛福部三思，別讓台灣失智照護制度開倒車。我國是全世界第13個有失智症政策的國家，在失智症照護上有相當好的國際聲響，加上2022年全球失智症報告強調診斷後支持服務的重要性，台灣不應剝奪失智合併失能者使用失智共照的權益，呼籲應投入更多資源發展並精進失智共照以擴大服務，提供失智者家庭在就醫、診斷後的導航服務（台灣失智症協會，2022）。

張姮燕老師 *Heidi*

爸爸五十來歲退休後幾年，就被診斷的「早發性失智」，這是指65歲以前便已發病的年輕型失智症病人，其臨床特點與照料需求與一般的老年失智症不同。五十幾歲，剛從學校庶務繁忙的總務主任退休，能把興建校舍搞定的爸爸，在學校也深受同事喜愛，從發病後時常有同事來探望，就可窺知一二。熟識父親的人絕對不會假設他是因為不動腦筋、五十歲就早早退休才會失智，但對失智症不清楚，且假設失智就是因為不動腦的人，遠比想像的多。來探訪父親的親朋好友，給的建議跟評論，有時候比照顧病人更惱人。

受西方教育、重視隱私的我，對這些親朋好友的問題與自己補腦後的評語，著實難以招架。比如，「張主任就是太早退休才會失智」、「妳爸爸應該是沒有在看書、沒在練習動腦」、「一定是妳媽走了，受到刺激讓他失智更嚴重」、「應該是業障來了」、「他應該沒有運動」等與事實不符合的推論，總是練習著自己的耐心，也學習著不要因為這些問題而影響情緒。不符合事實相較之下還好，還有更嗜血的敘述如：「妳們要爸爸活很久，妳們姊妹會很辛苦」、「照顧妳媽媽的癌症比較辛苦還是照顧失智症」、「妳父親走了你們就可以追求自己的人生」、「這樣拖著也還是可以領退休金」等對話。而且每一個父親朋友的拜訪，都說要來看他，但是都在跟我聊天，耗掉我許多精力與時間，且像上述那些對話，造成我更大的照顧壓力跟煩心。到父親已經認不出人，除了有血緣的親戚，同事、同學、朋友，也就都斷了聯繫。親戚來探視也揪心，因為目睹年輕帥氣又聰穎的人，因為失智症被折磨到六親不認，也逐漸止於電話拜訪，而身為家屬我們也感受並感謝親朋好友的掛念與祝福。

早發性失智症患者最大衝擊其實是自己及家人生活層面的影響，

畢竟父親發病時正當壯年，一但病發，隨著知能的退化，工作能力降低，人格行為也發生變化，但因為四肢健全、體力尚佳，因此發生妄想、幻覺、激動、離家、或是暴力攻擊等行為問題時，往往很難用安撫老年人的方式控制。爸爸智商不低，所以光是確診失智，就經過反覆不斷的檢測，但其實每日朝夕相處的同住家人是最能發現失智症患者早期病症的。失智症初期也不是持續地對人、事、地、物的辨認出現問題，有時候也會突然應對如流，但隨著病程的演進，遺忘、情緒轉變、個性改變、言語表達能力退化、妄想、視幻覺、漫遊或躁動、睡眠障礙等問題都會出現。發展到重度病症的時期，已經不是「失去記憶」這麼簡單的問題，失去的還包括吞嚥能力，所以常會被自己的口水嗆到。看著父親身體功能一個一個被疾病剝奪，也反思我們視為理所當然的每個身體功能，其實要正常運作，都非常不容易。

失智症只會慢慢退化，而身為主要照顧者、同住家人，就必須負責成為父親的代理人，不是法律上的代理人而已，而是要代理所有的決策，並隨時觀察爸爸的身體狀況。因為失智症到中重度，連飢餓、冷、熱等都無法表達，甚至身體不舒服，除了靠儀器測得體溫、血壓、血氧等來判斷，只能靠肉眼及感覺判斷是否有異常。若照護的人不懂失智症的症狀，也沒警覺病情可能的變化，或許一口沒有吐出來的痰，就足以致命。失智症有「21世紀黑死病」之稱，根據統計數據顯示，全球每三秒就新增一人罹病，且目前沒有藥物能恢復受損的腦細胞。所以就算常有人問：「你爸還好嗎？」我也只能回答：「他不會好了，不要惡化就很感恩」。面對一個不可逆也不會好轉的疾病，面對眾人的關心以及未知的未來，「莫聽穿林打葉聲，何妨吟嘯且徐行。竹杖芒鞋輕勝馬，誰怕！一蓑煙雨任平生（蘇軾《定風波》）。

童文薰律師 **Winifred**

很多人都有這樣的疑惑，幾十年前的老人家患有失智病的人數似乎沒有現在多？其實這是因為從二次世界大戰結束後，我國的平均餘命逐年增長，2021年平均餘命是80.86歲，其中男性77.67歲、女性84.25歲。高於聯合國公布2020年全球平均壽命6～8歲。

但值得注意的是，2022年是台灣半世紀以來粗死亡率最高的一年，國民平均餘命3年來逐年減少的趨勢，2020年是81.32歲；2021年是80.86歲，2022年是79.84歲，其中男性76.63歲、女性83.28歲。

從2020年到2022年平均餘命的下降，可能與新冠疫情有關。但在台灣平均餘命增長的過程中，歷經了李登輝（開辦全民健保，921天災）、陳水扁（SARS疫情）、馬英九（金融危機）、蔡英文（新冠疫情）等四位總統，卻在蔡英文任內跌回10年前的水平，值得研究問題出在哪裡？研究的方向無非社會分化、經濟弱化等因素。但可以確認的是，在因應天災人禍的執政韌性上，蔡政府不如前任幾屆。

失智共同照護中心（共照中心）是蔡政府長照計畫中讓民眾較有感的服務。但長照司卻沒有任何理由，直接排除失智症家庭同時獲得長照與失智共照服務的機會。同樣的思維也出現在對待已申請外籍看護的失能者家庭——只要聘用外勞，長照2.0的部分不能使用照顧服務，但仍然可以申請專業服務，只是額度比一般人（沒有聘外勞的家庭）少，只剩30%。其餘服務申請的額度都比照符合資格的一般家庭。

在溫玉霞委員舉辦的公聽會上，連喝水都要靠看護協助的重症患者質疑長照司，聘雇移工是私人支付並沒有用到政府資源。沒有理由排除重症患者使用長照2.0的權利。長照司的回應是「這是我們的政

策」。而且堅稱「家有聘僱外籍看護不能用長照」的說法是「大錯特錯」。

　　我們明白這是衛福部的政策，但每項政策都應該有合理的分析做基礎，衛福部剝奪有外籍看護者完整使用長照服務的理由，像是「排富條款」，因為你有能力聘用外籍看護，所以就不給你長照資源。但事實上弱弱聘僱的重症患者與其家庭，並不是因為富有才聘用外籍看護，是因為症狀嚴重！所以衛福部應該做的是檢討自己的政策是否是怠惰行政，不該一刀切，而應以症狀的輕重來決定使用長照2.0的權利，不是嗎？

　　隨著台灣邁入超高齡社會，長照的需求只會越來越強，民怨也會越來越烈。國家預算與資源要用在國民有感的地方，這不僅是為了已經陷於長照痛苦的家庭，也是為了政府官員自己。畢竟，人人都會老，不是嗎？

智症共照服務應與長照並存，並且有效接軌

全球罹患失智症（Alzheimer's Disease）的人口快速成長，台灣已有約30萬人確診。根據失智症協會網站，衛福部透過長照2.0結合地方政府與醫事、長照及社福機構，於全台設立近100個失智共同照護中心（簡稱失智共照中心），目的是及時確診失智症並提高服務覆蓋率。

失智共照中心主要任務在於提供失智者及其家庭評估、定期關懷、諮詢服務、轉介相關資源及追蹤後續情形。並以社區為基礎，根據失智個案不同階級的照護需求，增進照護者的知識與技能，以及處理情緒與壓力等等，而這與長照服務內容顯不相同。

失智症患者可能同時具有失能的情況，需要長照的資源。但自2022年10月起，衛福部公告啟動「失智個管新制」，讓2到8級失智者「完全歸由」長照A單位負責，意即失智症患者一旦使用長照服務（居家、日照、輔具、交通、喘息等），將不能同時獲得失智共照中心的服務（如照顧指導、就醫輔導、失智相關諮詢）。這種「二選一」的方式，讓台灣超過30萬名失智家庭可用的照顧資源限縮。然則如前所述，失智症所需要的共照服務與長照服務顯不相同，兩者並無二擇一的問題，更無重覆使用資源的問題。

根據衛福部111年9月21日的新聞稿指出，108年至110年8月底健保資料庫之失智症診斷就醫資料（約29.7萬筆）約有14.8萬名失智確診者未使用任一項長照服務（包括：住宿式機構、長照給支付、失智計畫及團體家屋），所以衛福部認為是失智症患者不使用長照服務。

但若探究爲何失智確診者未使用長照服務，就會發現長照項目中的團體家屋、住宿式機構、日間照護等，無法收治失智症病人。而且依現行制度，只要聘僱外籍看護照護失智症患者，長照所提供的照顧及專業服務都會被限縮。因此從就醫資料來判斷失智症患者不使用長照服務，未必是眞相。

　　再者，長照個案管理師（個管）不是醫療體系的一員，所以無法取得病歷、病患身體狀況的重要資訊，導致在醫療體系與失智照護資源銜接上有所落差。每個個管的醫療專業與知識的差異，也會影響其對受照護者可以使用的照護及專業服務做出不同判斷，進而影響其復能狀況。

　　綜上所述，照護制度分流斷軌，再加上外籍看護人力欠缺照護訓練，使外籍看護與長照體系也斷軌，才是眞正的問題。同一個病人，在不相容的制度裡掙扎尋求出路，醫院體系的個管師是護理師，具備醫療專業知識與訓練，並能看到病人完整就醫記錄，且得與醫生密切討論病患病情與復能計畫。對照長照A單位也有「個管師」，卻未必具備醫學院的專業訓練，這才是衛福部長照司應該解決的問題。未來長照制度在任何更動之前，應先傾聽使用照護服務的病人與家屬的聲音，而非像失智共照中心的例子，將失智共照與A個管一刀切，將醫護照護的2-8級失智者歸由「長照A單位管理」。

16 人生如戲、戲如人生，當一個看戲的瘋子

　　台南市政府社會局積極建置身心障礙者家庭支持網絡，111年度評選出3個優良單位辦理身心障礙者家庭照顧據點，分布於臺南市3大區域，每個據點都有提供關懷訪視、支持性團體、紓壓活動、休閒課程或講座、照顧技巧訓練、到宅專業服務等多元服務，讓臺南市的身心障礙照顧者都能被溫暖的安全網承接，照顧之路不再孤單。小桃每天獨自照顧臥床的母親，長期下來生理和心理上皆十分疲憊，影響到自己的身體健康，看到社會局宣傳簡章後到照顧據點求助。照顧據點媒合專業人員到宅示範指導小桃照顧技巧，小桃也積極地參加據點辦理的紓壓活動和各類講座，認識了一群同為身心障礙者之家庭照顧者，大家互相交流並為彼此加油打氣，擺脫了以前感到耗竭的生活。家庭照顧據點依據照顧者的需求，除了提供個案管理服務，所設計的活動不僅十分精彩又多元化，例如溪南據點今年即將辦理精神障礙者照顧講座和健康管理講座、身障家庭走馬瀨農場之遊、紓壓紙黏土課程；永華據點的「照顧者休閒吧」提供溫暖舒適的療癒空間，定期辦理照顧者支持團體，進行電影欣賞、讀書會、手作等多元活動；溪北據點為提升照顧者技巧，辦理一系列實務課程，例如口腔照護、簡易備餐與管灌、翻身拍背等主題，並啟動「照顧者重返職場計畫」，輔導有意願的照顧者重回職場（Yahoo新聞，2022）。

張姮燕老師　　*Heidi*

　　從不覺得自己是個對電影有特殊喜好或是非看不可的人，也不覺得看電影能紓壓，總是在想劇情哪裡不合理，而遇到悲傷的電影，更覺得何必花錢去電影院讓自己更悲傷。尤其電影中的故事未必都是 happy ending，連紀錄片，都可有人生命消逝。於是每每看著電影中出現「好人」生命殞落的情節，都不禁想著「這個人一定得死嗎」？又或是如果沒有死去，整個故事個結局，會不會更好？

　　自從越來越多人罹患失智症，影視娛樂產業也出現以失智病人為主角的電影。《我想念我自己（Still Alice）》是我看過第一部與失智症相關的電影，描述一位原在哥倫比亞（Columbia University）大學任教的教授，患上早發性阿茲海默症後，陷入疾病、工作、自我和家庭的困苦掙扎中。因為父親也是早發性失智，電影上映的2014年，父親正經歷那段混亂、失序、藥物難以控制的階段。那段病情正在惡化的時期，光是就醫就非常折騰，又如果非看名醫不可，又必須要等待許久並動用各種關係。父親從台大、成大、高醫、高榮、高雄長庚到義大，在神經內科與精神科兩個治療失智症的專科中，進行不同的檢查及藥物的控制。甚至一度在精神科醫生的建議下，住進了「精神病房」，連去探病看到父親被關在小房間的狀況，「不忍卒睹」都無法描述心中的哀戚。所以在看完《我想念我自己》的當下，只覺得電影拍得雖然已經挺接近真實，但還是非常「美化」早發性失智症對病人本身及家人的衝擊與影響。但電影是以失智症患者的視角拍攝，所以在看完電影的當下，我似乎走了一趟父親經歷的混亂過程。從一個講課的老師，突然連熟悉的校園都認不得路、連家中的洗手間都找不到。如果還有記憶，那是多麼惶恐的一個進程。

另一部2020年的電影《父親（The Father）》，描述年邁的父親因失智症而影響生活起居，不僅疑神疑鬼、幻聽又幻視，出現記憶錯置、時空錯亂、斷片、出現幻覺等認知障礙。電影上映的時候，父親的狀況已經是重度失智，照顧的重心已經放在維持日常生活的品質，不用疲於應付失智症的認知障礙。但片中女兒對父親的愛，伴隨著無奈，提醒著身為照護者的自己，也得檢視及消化又愛又恨的矛盾心情。但畢竟電影還是電影，呈現的也只是失智症偷走人的「記憶」，當劇情描述著病人逐漸遺忘時間、空間，甚至自己摯愛的親人，沒有呈現除了記憶，這疾病還會偷走許多人的功能，比如語言能力、行動能力、吞嚥功能等。我已不會擔心或難過父親「忘了我們」，但我們都擔憂著接下來如果吞嚥、肢體等功能更退化，要有怎樣的準備。

　　除了歐美的電影呈現這些跟疾病相關的影片，台灣也出現一些電視劇，呈現失智患者與家屬的心境。我也鼓起勇氣，追完改編自醫師曹汶龍帶領醫療團隊，守護失智症母親的真人故事《你好，我是誰》。要不是已甚少出現在螢光幕上的資深演員寇世勳的演技吸引著，著實無法把這部電視劇追完，因為場景在台灣，對照著父親疾病的進程所經歷的照護現場及醫療資源，寫實到只剩下「沉重」。在照護家人的人生中，遇到跟自身情境類似的戲劇，要當一個「看戲的瘋子」實在很難，因為「自己」就已經被寫進這個劇本裡擔任要角，且連台詞、走位都無法預先預演，而且只能一鏡到底、不能喊卡。還好最近似乎沒有失智症相關的影集或電影，只有眾多漫威系列跟多重宇宙相關的非現實情節，剛好可以藉由這些不寫實的故事，不必認真思考如果鋼鐵人沒有死掉會怎樣，但我心中仍偷偷期待每部電影都是只有壞人死掉、好人幸福快樂的happy ending.

童文薰律師　　　　　*Winifred*

在我父親生病後的16年裡，我從來不使用公家資源。進出醫院都是自家人接送，後來父親需要呼吸機時，進出醫院需要救護車，我們就安排民間救護車接送。在能力許可的範圍內，我總想把資源給更需要的家庭。就當做是在為父親積德，希望他在天國無病無痛，如果再次轉世，也能一生順遂。

2008年送走父親之後我忙於工作，幾年後婆婆因腫瘤入院開刀，出院後都靠我大姑照顧。我與外子人在台北，只能儘量安排時間回台南探望婆婆。本以為術後出院可以慢慢恢復，但在一個平常日的早晨我們接到電話，婆婆在家裡咽了氣。送走了婆婆，我們擔心公公的情緒，外子因此更常回台南，他的車總是很快累積里程數，18萬公里輕易就到達，可以繞地球4.5圈！

在2020年全球都因疫情而擔憂的情況下，8月15日一個星期六的下午，外子無預警因心肌梗塞離世，我沒有任何機會陪伴病榻。

外子喜甜食，水果是他每餐必須的點心。他還會買汽水與含糖紅茶，這都是我忌口的東西。我曾與他談過，血糖問題傷害心血管，如有一天他倒下了，174公分的體格，我一個人可是扛不動。沒想到命運最後的安排，連讓我扛一次的機會都不給我。

如果能夠穿越時空改變結果，我會做什麼？從不追劇的我，在他離開後的三年裡，去電影院的次數多過我這一生進電影院的總合。最療癒的是穿越、轉生以及科技即將給予我們的衝擊：全影投像AI互動的電影。

《阿凡達水之道》片尾，失去長子的薩利夫妻親手將孩子放進海底回到大地之母的懷抱。這些亡者沒有消逝，輕觸生命樹，那些互動

的瞬間全部回到眼前。

　　很快的有那麼一天，只要給予AI機器人聲音影像等訊息，科技可以讓逝世的親人回來陪伴我們。我笑問科技人，這全息影像會跟你吵架嗎？

　　但人生畢竟不是電影，沒有反覆穿越時空改變未來的幸運。所以我們只能承受、接受這永遠的分離。

　　如果能夠重來我當然會嚴格控制外子的飲食，但他未必會配合忌口。因為慢性病的藥物像是安慰劑，他總以為有定時服藥就好。所以有多少懊悔都沒有用，在痛苦中我學到的一點就是停止用「如果」來逼瘋自己。傷痛的人不要用這兩個字。

　　當你痛到不能忍時就躺平吧，睡著了之後親人可能會來入夢。如果睡不著就出發去電影院，在別人的夢裡，一樣療癒。

　　衛福部長照2.0計畫提供的服務，包含（1）照顧與專業服務、
（2）交通接送服務、（3）輔具及居家無障礙環境改善服務及（4）
喘息服務。透過長照服務，可以由政府簽約的長照機構來指派居家照
顧員幫忙照顧長輩，減輕家屬照顧的壓力，而且只要使用長照者符合
資格，即可申請長照補助，俗稱「長照四包錢」。聘請外籍看護的家
庭，也可以申請長照，而家屬如果符合資格，也可以在申報所得稅時
獲得「長照特別扣除額」，達到減稅的效果。但是，有外籍看護的家
庭，在使用「照顧及專業服務」時，政府補助額度是一般戶的30%，
使用其他服務時的補助額則和一般戶一樣。

聘僱外籍看護之家庭可使用之長照服務

1. 有外籍看護的家庭也可以申請長照服務

已聘僱外籍家庭看護工之被照顧者，經縣市政府長期照顧管理中心（長照中心）照顧管理專員（照專）評估為長期照顧需要等級第2級（含）以上者，可申請專業服務、交通接送、輔具及居家無障礙環境改善服務、到宅沐浴車服務以及喘息服務等。此外，也可藉由社區式交通接送服務至社區式服務類長照機構及巷弄長照站（C據點）等，或使用預防、延緩失能（失智）服務等活動與服務。如經評估屬失智但未失能者，可使用失智共照中心及失智據點服務；家屬如有照顧者支持服務需求者，也可使用家庭照顧者支持服務據點提供支持服務。如表十三所示，「長照四包錢」包含不同的服務項目與自付額度的規定，只要符合長照資格的民眾，不論是否聘僱外籍看護，都可以使用，但須留意專業服務與照護服務只能補助30％。另外，衛福部公告自2023年起，將符合長照需求等級（CMS）2-8級之失智者完全歸由長照A單位服務，取消失智共照個管服務，由共同個管制度走向「單一個管」的制度。

2. 長期照顧家屬可以減稅：長照特別扣除額

為配合政府推動長照政策，減輕身心失能者家庭的租稅負擔，自108年1月1日起，納稅義務人、配偶或受扶養親屬如為符合中央衛生福利主管機關公告須長期照顧的身心失能者，在申報綜合所得稅時，每人每年可扣除長期照顧特別扣除額（下稱長照扣除額）新臺幣（下同）12萬元。「須長期照顧的身心失能者」包含4種態樣：聘僱外籍看護者、在家自行照顧者、失能等級為2-8級且使用長期照顧給付及支付基準服務者，及入住住宿式服務機構全年達90日者；符合其中1

種態樣且綜合所得稅全戶適用稅率未達20%、股利及盈餘非按28%稅率分開計稅且基本所得額不超過670萬元，都可以減除長照扣除額。國稅局主動蒐集適格者資料，提供民眾申報扣除。意即在辦理「綜合所得稅結算申報」時，報稅系統會自動帶入本人、配偶或受扶養親屬的長照扣除額資料，免再檢附證明文件；惟民眾如於報稅系統自行增列長照扣除額，則應檢附相關證明文件（如附錄六所示）申報減除。例如，聘僱外籍看護的被看護者，須檢附課稅年度有效的「聘僱許可函」影本；在家自行照護的身心失能者，則須檢附課稅年度取得的「病症暨失能診斷證明書（巴氏量表）」影本、有效期限內的「身心障礙證明」影本等文件；使用長期照顧給付及支付基準服務者，須檢附課稅年度的「繳費收據」等資料；入住住宿式服務機構全年達90日者，須檢附入住累計達90日的「繳費收據影本」等資料。

3. 外籍看護放假，得如同長照2.0申請流程，使用「短照服務」

　　勞動部「聘僱外籍看護工家庭短期替代照顧服務計畫」於2023年1月1日起上路，聘有外籍家庭看護工的雇主可申請使用至少31日之短期照護服務。在看護移工休假時，由長期照顧服務機構及單位提供替代照顧服務，讓被照顧者可以獲得良好的照顧，而看護移工也能放假休息。若搭配擴大喘息服務，短照服務加上擴大喘息，兩者合計每年可使用52日。短照服務方式包括日間照顧中心短照服務（全日）、日間照顧中心短照服務（半日）、機構住宿式短照服務、小規模多機能服務（夜間短照服務）、巷弄長照站短照服務及居家短照服務。聘僱外籍看護的家庭，長照與短照的使用額度等規定，參附錄七。

表十三、長照服務內容、自付額及補助金額

長照四包錢	長照第一包錢		長照第二包錢	長照第三包錢	長照第四包錢
	照顧服務	專業服務	交通接送服務	輔具及居家無障礙環境改善服務	喘息服務
長照服務項目	1.居家服務 2.日間照顧 3.小規模多機能服務 4.家庭托顧	營養照顧、居家環境安全或無障礙空間規劃指導等服務	提供長輩往返長照機構、醫療院所，讓長輩可以輕鬆就醫治療	只要符合長照資格，經照顧管理專員評估有輔具需求後，完成輔具評估報告書，就可以到藥局、醫材單位等相關輔具去租賃、購買輔具如助行器、拐杖、輪椅、移位腰帶、居家用照顧床等。	1.居家喘息 2.機構喘息 3.社區喘息
分級標準	失能等級2級以上		依失能等級、城鄉距離	無差別	失能等級2級以上
給付週期	每月		每月	每3年	每年
自付額額度	一般戶：16% 中低收入戶：5%		一般戶：21~30% 中低收入戶：7~10%	一般戶：30% 中低收入戶：10%	一般戶：16% 中低收入戶：5%
補助金額	$10,020-$36,180		$1,680-$2,400	$40,000	$32,340-$48,510
附註				改善無障礙設施目前只針對「自有家」才能申請，如果住家目前為租屋則無法辦法申請	一天最多可以申請10小時居家喘息（不過夜）

17 道別無法準備，但能練習活出瀟灑

　　許小姐高齡90歲的阿公3年前因中風送醫，但在疫情期間，照顧者要只要進出醫院就得自費核酸檢測（PCR）或長時間住院陪病，在各自有工作或家庭的情況下，許家人不得已只好聘僱外籍看護進駐醫院。原本希望在院方的醫護之外，能有更周到的照料。但因疫情嚴重時，醫院禁止探病，家人只能間接透過護理人員或是詢問外籍看護瞭解阿公的狀況。7月份疫情鬆綁後，舉家去探視阿公，卻看到中風無法自己移動的阿公，竟然有尾椎褥瘡、手指割傷、膝蓋脫臼等全身傷痕累累的狀況，但看護一概說不知道，讓家屬憤而提告。許小姐表示「我們想要提告外籍看護傷害，但仲介很諷刺的跟我們講說，提告最後的結果，也只是讓看護被送回她的國家。受照護者得不到任何好處外，也可能日後沒仲介願意接案子，再也請不到看護！」不甘阿公被虐待且仲介不處理的許小姐，對外籍看護提出告訴。外勞最後經勞動部裁定限期出境，但提告的部分，檢察官解讀依照醫院照護紀錄，不能證明阿公傷勢為外勞施虐所為，以不起訴結案。而阿公也在等候裁定過程中，離開人世。

張妲燕老師　*Heidi*

　　一個人長大的過程，就是面臨更多的生離死別。長輩的離世，通常是年邁加上疾病，所以面對一個老人，多少有心理準備，總有年紀到了要回天家的那天。我的祖父母都是七十歲以後才離世，爺爺跟外婆甚至享耆壽到九十餘歲。外婆在中風多年後，突然因胃口不佳而到醫院檢查，意外發現是癌症末期，在住院後不久就因狀況不佳而享壽九十七歲辭世，最後那段日子也沒有因為癌症而有特別的痛苦。但就算已經高齡，讓我們晚輩有很多時間可以相聚，也有很多時間道別，來處理這既不算意外到來，也不是突然驟臨的生命終點，但我們依舊沒有想像中的灑脫。

　　生病家人的離世，主要照顧者突然沒了照顧責任，其實也是個突然的「解脫」。解脫，就字義上是「解開繫縛，脫身而出」的意思，但解開束縛是不是就能身心自在呢？剛送走母親的時候，總有種不真實的感覺，畢竟突然不用在每天待在醫院，也不用掛著一顆心怕突發狀況的到來，也不用協助照護，忽然間生活多了許多空白。但也因為這樣的空白，下課回家再也看不到媽媽，有種心被掏空的感覺，非常不踏實。還好，那時候，家裡還有父親等我回家，所以也不至於懼怕空蕩蕩的家，而在外閒晃。

　　時間，還是最好的解藥，但要多久的時間，才能面對親人已經離世而正常生活，沒人說得準。經歷過長輩們的離世，深覺再怎樣做好道別的準備，也可能都沒有真正準備好的那天。既然無法精準估計死亡到來的時刻，也就沒所謂不意外的死亡，因此無法萬全準備道別，那就應該要學會瀟灑地活著。比如，我常想到母親的節儉持家，當然她很特別，都省小筆而花大筆、省自己而捨得花給子女與父母。也或

許要母親這樣的節省，才能讓領著固定薪水的教師，可以攢下足夠的錢買車買房，還讓我跟妹妹出國念書跟學各項才藝。只是，在母親走後，我最常希望如果時間能倒流，母親應該要把錢花在自己身上。我也認為，為人父母給子女最大的禮物，就是提供子女良好的教育、培養能養活自己的能力，而不是給子女房子與財產。我懊悔沒能鼓勵媽媽別省著讓我們花，更遺憾我之後賺的錢，她也已享用不到。所以，怎麼能不在自己還能有健康的身體時，好好對待自己呢？

幾年前，因為父親照護人力不穩定，外籍看護照護失智病人的知能與語言能力也不足，所幸找到學弟的母親「陳媽媽」，有護理經驗的她願意協助照顧父親。但她老是覺得我過得很辛苦、很悲慘，所以每次都用憐憫跟愛惜的口氣，安慰她覺得日子過得很苦的我。身為虔誠的基督徒的陳媽媽，也會帶著我禱告，也在她的禱告中得到安慰。但其實我從來沒有感受到陳媽媽描述的苦，倒是感恩身邊出現能幫我分憂解勞、承擔痛苦的人。有人協助照護，就讓我在工作與照護之虞，能得空去旅遊、享受美食、看場電影，而不至於burn out（倦怠）。現在的我，還需要照顧父親，我也不覺得能做好道別的準備，但也不執著於要做好充分準備，反而認為就接受永遠無法準備到位的自己。反倒是有幾分自信，面對未知的未來，能把日子過得精采，起碼不要後悔，也不會痛苦地活著。

童文薰律師　　　*Winifred*

選擇訴訟討回公道，應該先對法律程序有基本的理解。民事案件歸地方法院民事庭審理，刑事案件可以向地檢處提起告訴，還可以在起訴之後提起附帶民事訴訟請求賠償。

民事案件必須繳納裁判費，刑事訴訟程序中提起附帶民事訴訟，不用繳納裁判費。

裁判費在一審與二、三審不同，可參考下列對照表：

表十四、民事訴訟事件裁判費徵收核算對照表

因財產權起訴／上訴 訴訟標的金(價)額	第一審	第二、三審
10萬元以下	1,000元	1,500元
逾10萬元～100萬元部分	110元/萬	165元/萬
100萬元	10,900元	16,350元
逾100萬元～一千萬元部分	99元/萬	148.5元/萬
一千萬元	100,000元	150,000元
逾一千萬元～一億元部分	88元/萬	132元/萬
一億元	892,000元	1,338,000元
逾一億元～十億元部分	77元/萬	115.5元/萬
十億元	7,822,000元	11,733,000元
逾十億元部分	66元/萬	99元/萬

裁判費繳給法院後，如果原告勝訴，裁判費由被告負擔，如果部分勝訴部分敗訴，裁判費由法院判決由原被告各別負擔的金額。但如果被告沒有財產可供執行，基本上仍然由原告支付裁判費，法院不會退還這筆費用。

提起訴訟如果委託律師，一般是案件計酬，一個審級一案。換言之，在地檢署的程序完結是一案，起訴到法院是另一案，上訴又是另一案。刑事與民事各有不同案號與程序，假設本篇案例裡的許小姐委託律師處理告訴案，那麼當檢察官以不起訴結案時，許小姐在這個程序要付給委任律師一個審級的費用，一般是不管開幾次庭都收相同費用（10萬台幣上下）。如果不服檢方的處分，可以提起再議程序，案件由高檢署決定。許小姐得再付一次律師費。

　　倘使再加上民事求償，就會再多一個案號與開庭流程，委託律師代理需再支付一次費用。因此一個案件如果纏訟多年，30、50萬台幣的訴訟支出是很平常的。所以在提起訴訟之前應該先衡量自己財力條件、時間還有抗壓力。

　　如果無力負擔訴訟費用及律師費，可以試著向全台各地的「法扶基金會」申請法律扶助。視申請人的資力條件，法扶基金會可以給予全免或部分負擔的法律扶助。

　　瞭解基本概念後我們回到本篇案例。究竟阿公是在醫院被外勞虐待還是因為外勞不會照顧病人，而使阿公受傷？基於證據法則與無罪推定，即使事實是外勞故意虐待病人，但因罪證不足也只能釋放外勞。因為法律不是萬能，檢察官與法官都不是神，不具備全能的視角。所以我們經常必須借助攝影設備。

　　由於虐待病人的投訴在全台各地都有，我們認為政府應該對雇主提供免費的法律扶助。至少在判斷是否要提告之前的階段，應該完全免費。組成律師團的費用則從就業安定基金支付。畢竟這是由弱勢雇主每月繳納累積而來的費用。應該修改使用的目的，不只用於本國勞工的就業輔導，更應回饋到這些弱勢雇主身上。

宋媽媽育有一子二女，長子已失聯多年，但兩個女兒在爸爸去世後，因為遺產分配問題爆發衝突，難以和平共處，所以宋媽媽長年來與次女同住。但長女得知民法增訂意定監護制度，於是帶宋媽媽至公證人處訂立意定監護契約，指定自己擔任意定監護人，並於意定監護契約訂立後二個月，幫宋媽媽向法院申請監護宣告。經過醫院精神鑑定，宋媽媽精神認知障礙程度已符合受監護宣告要件，但是法院也發現，原來宋媽媽早在兩年前就已經有失智症所併發的譫妄症狀，並已經醫院確診為輕度失智。次女此時向法院主張大姊不適任，應該改由其擔任監護人。法院介入調查後，認為長女並無不適任監護人之情事，但是長女在明知宋媽媽已經失智的情況下，帶宋媽媽訂立意定監護契約，有欠妥適。而次女有逕自將宋媽媽存款轉入自己戶頭的行為，未能將宋媽媽的財產與自己的財產區分明確，亦有可議之處。且兩個女兒在宋媽媽訂立意定監護契約後，還共同帶宋媽媽至公證人處訂立代筆遺囑。法院認為兩個女兒的行為，均難謂妥適或動機純良。最後法院裁定宋媽媽由兩個女兒共同監護（理財周刊，2022）。

張姮燕老師 *Heidi*

　　因爲父母親生病的關係，而有不少他們的同學、同事、朋友來探訪，但因爲病人其實無法太多言語或互動，最後其實都變成在跟我聊天、交流。而長輩的特性，就是萬般叮嚀，還有部分有著台灣人習慣的長輩，對「隱私」不大重視，於是有的叮嚀聽起來有些刺耳。瞭解長輩都是出於善意，有的打哈哈過去就結案，有的卻放在心上需要消化一段時日。

　　比如，長輩會交代要處理母親的遺物，但留著也不是、丟掉又不忍心，於是一放也過了十來年。處理遺物有如打開「記憶」的盒子，每件物品幾乎都聯繫一個故事，看到曾經被親人使用或是喜愛的物品，心裡不免被觸動某段記憶。尤其如果看到手稿，一段曾經寫給我們的話語，更可以頓時讓眼淚洩了堤。所以至2023年，母親已經離開我們12年，有些抽屜、櫃子裏頭的物品，仍舊保留不動。記得跟童律師提過這段至今無法整理物品，隱藏在忙碌生活的行爲，她淡淡地說「等自己準備好再整理」。每個人調適失去至親所需要的時間，以及外顯的行爲，都很不一樣，有些人表面上看起來的堅強也不過是把悲傷藏得比較深罷了。我跟妹妹就會出現一些很有趣的作法，比如她把媽媽的衣服整理出來擺了一段時間，丟也不是、不丟也不是之後，就會出現在我的衣櫃，然後我發現後，再放一段時日，檢視過後淘汰部分衣物，然後再把剩下的，又收回衣櫃。經過12年，大概淘汰20%的衣物，之後也更能坦然地回收這些用不著的身外之物。

　　父親的同學分享他們送走突然離開的親人，兒女也已離巢，於是他們把大房子賣了，換了小套房或是搬進老人公寓，把賣掉房子的現金，付房子的租金，剩下的錢就開始遊山玩水，要一路玩到掛。另一

個父親的朋友因爲時常打來問候父親的狀況，變成跟我比跟父親還要熟，於是提到她預想到如果有一天突然走了，一對子女要處理他們的遺物，可能會跟我一樣，丟也不是、不丟也不是，於是她一鼓作氣，把所有物品做了分類，只留下她需要的，能用到的。賣的賣、送的送，於是我也在她美國的家中，拿到幾個紀念品，她也開心、我也開心。

　　只是紀念性質的遺物還好處理，如果是資產，就較爲費心。我只有一個手足，也沒有另一半能來說三道四，所以父母親的資產，相對好處理。看了幾段肥皂劇般的「爭家產」事件，在不同家庭中上演，在在提醒自己預立遺囑的重要性。傳統的台灣社會，遺產「傳子不傳女」，甚至有「長孫」也可以分一份遺產的作法，在現代化的台灣，仍舊發生著。省吃儉用的老一輩過世，留下已經增值的土地或房產，只要沒有遺囑，白紙黑字交代如何處理，子女們的紛爭，常因此而生。看到這些爭財產的戲碼，深曉「家家有本難念的經」，如果在世的時候可以先做好準備，把物品、資產，自己做個交代與處理，活著的人，可以省心也可以少點衝突。年輕的時候，或許有些物質慾望，當有點能力時，開始累積這些身外之物，而當逐漸老邁時，又該自己處理這些資產，回到樸實的生活。人走的時候，這些曾經打拼爭取來的資產都已帶不走，提早把資產做處理，也是讓活下來的人不要揪心著丟也不是、不丟也不是、賣也不是、不賣也不是。

童文薰律師  *Winifred*

財產與長照是脫不開的連體嬰。那麼，我們要處理的是法律還是親情？

我常在資產規劃的演講中對台下的聽眾說，資產規劃是責任也是義務，不好好規劃財產並預立遺囑，會種下子孫失和並對簿公堂的結果。事實上，爲了遺產分配持刀相向甚至開槍駁火的案件並不罕見。像本篇案例裡的長女，明知母親已經失智還訂意定監護契約，或像次女把母親的存款直接轉入自己戶頭，又或者帶著失智的母親到公證人處訂立代筆遺囑，都是法院處理的「日常」案件。

比較讓人納悶的是本件公證人在處理代筆遺囑時，爲何沒有發現宋媽媽已經失智，還完成公證程序？

預立遺囑並進行公認證的好處是避免繼承人的爭執，因爲公證人會留存一份副本或者密封遺囑。但要預立遺囑之前，先要明白民法規定的繼承人與應繼分及特留分：

（一）立遺囑人之繼承人（民法第1138條）

遺產繼承人，除配偶外，依下列順序定之：

1、直系血親卑親屬。

2、父母。

3、兄弟姊妹。

4、祖父母。

（二）繼承人之應繼分（民法第1144條）

1、配偶與直系血親卑親屬同爲繼承人時，平均分配。

2、配偶與父母同爲繼承人時，配偶二分之一，其餘二分之一由父母平均分配。

3、配偶與兄弟姊妹同爲繼承人時，配偶二分之一，其餘二分之一由兄弟姊妹平均分配。

4、配偶與祖父母同爲繼承人時，配偶三分之二，其餘三分之一由祖父母平均分配。

5、配偶單獨繼承時，應繼分爲遺產全部。

（三）繼承人之特留分（民法第1223條）

1、配偶之特留分，爲其應繼分二分之一。

2、直系血親卑親屬之特留分，爲其應繼分二分之一。

3、父母之特留分，爲其應繼分二分之一。

4、兄弟姊妹之特留分，爲其應繼分三分之一。

5、祖父母之特留分，爲其應繼分三分之一。

立遺囑時應於不違反民法特留分規定之範圍內，以遺囑自由處分其遺產。依民法第1189條規定，遺囑可分爲：自書遺囑、公證遺囑、密封遺囑、代筆遺囑、口授遺囑等五類。

1. 自書遺囑

民法1190條：「自書遺囑者，應自書遺囑全文，記明年、月、日，並親自簽名。如有增減、塗改，應註明增減、塗改之處所及字數，另行簽名。」

（註：千萬不能用打字稿，否則不符合自書遺囑要件。）

2. 公證遺囑

民法1191條第1項：「公證遺囑，應指定二人以上之見證人，在公證人前口述遺囑意旨，由公證人筆記、宣讀、講解，經遺囑人認可後，記明年、月、日，由公證人、見證人及遺囑人同行簽名，遺囑人不能簽名者，由公證人將其事由記明，使按指印代之。」

3. 密封遺囑

民法1192條第1項：「密封遺囑，應於遺囑上簽名後，將其密封，於封縫處簽名，指定二人以上之見證人，向公證人提出，陳述其為自己之遺囑，如非本人自寫，並陳述繕寫人之姓名、住所，由公證人於封面記明該遺囑提出之年、月、日及遺囑人所為之陳述，與遺囑人及見證人同行簽名。」

（密封遺囑必須親筆簽名，不能以指印代之）

4. 代筆遺囑

民法第1194條：「代筆遺囑，由遺囑人指定三人以上之見證人，由遺囑人口述遺囑意旨，使見證人中之一人筆記、宣讀、講解，經遺囑人認可後，記明年、月、日及代筆人之姓名，由見證人全體及遺囑人同行簽名，遺囑人不能簽名者，應按指印代之。」

5. 口授遺囑

民法第1195條，遺囑人因生命危急或其他特殊情形，不能依其他方式為遺囑者，得依下列方式之一為口授遺囑：

筆記口授遺囑：由遺囑人指定2人以上之見證人，並口授遺囑意旨，由見證人中之1人，將該遺囑意旨，據實作成筆記，並記明年、月、日，與其他見證人同行簽名。

錄音口授遺囑：由遺囑人指定2人以上之見證人，並口授遺囑意旨、遺囑人姓名及年、月、日，由見證人全體口述遺囑之為真正及見證人姓名，全部予以錄音，將錄音帶當場密封，並記明年、月、日，由見證人全體在封縫處同行簽名。

由於遺囑種類很多，有效遺囑的要件也很細膩，為使遺囑真的

具備效力，找民間公證人進行遺囑公認證的好處是多一層檢查不易出錯，且有副件或密封遺囑可以備查，不怕遺失。辦理時應攜帶國民身分證正本及印章，親自到場辦理，不得代理。其他應攜帶文件：

1、身分及親屬關係證明文件

（1）立遺囑人之現戶戶籍謄本。

（2）辦理繼承用之原始戶籍謄本（通常為全戶手抄本），用以證明繼承人為誰，以供特留分計算之參考。

（3）如前述繼承人有先於立遺囑人死亡之情形，應另申請該繼承人之除戶戶籍謄本。

（4）如有收養或認領子女，相關證明資料亦應一併提出。

（5）請求人依據前述文件自行製作之繼承系統表。

2、財產證明文件

（1）財產如為房屋，請攜帶房屋權狀正本，以及最近一期載有房屋課稅現值之房屋稅單（或向稅捐機關申請房屋稅籍證明書）正本；

（2）財產如為土地，請攜帶土地權狀正本，以及七日內申請之土地登記謄本正本；

（3）如有存款，請攜帶銀行或郵局之存摺或存單正本；

（4）其他財產證明文件。

如選擇之遺囑種類需要見證人，則應偕同二名見證人，均需攜帶國民身分證正本及印章，親自到場辦理公證。但以下之人不得為遺囑見證人：

（民法第1198條）

（1）未滿二十歲之人。

（2）受監護或輔助宣告之人。

（3）繼承人及其配偶或其直系血親。

（4）受遺贈人及其配偶或其直系血親。

（5）為公證人或代行公證職務人之同居人、助理人或受僱人。

最後是公認證費用。密封遺囑之公證，收取公證費用1,000元，其他種類遺囑公認證費用，按立遺囑人請求公認證當時所有財產價值，依公證費用標準表所定標準收費。如財產不超過2,000萬台幣，公證費用依遺囑種有不同收費，大約從1,000元台幣到數千元之間，不超過1萬元。

遺囑是身後財產的處置及身後事的安排，但有一塊不能被忽視的就是人還活著的時候，如何預立監護制度，使用財產來照顧。讓民眾得以未雨綢繆，在有行為能力時，事先規劃自己晚年的生活及醫療照護，確保自己的財產可以依照自己想要的照護方式、照護品質，運用在自己的人身照顧上，也避免家人間的訴訟糾紛。但是監護人是否會濫用意定監護制度，是避不開的疑慮。而專業意定監護人，因為與委託人沒有財產繼承的利益衝突，可以客觀專業地執行委託人的委託事項，盡善良管理人的注意義務。這就是本書認為專業意定監護人、專業信託監察人制度是完善國人高齡金融保護與經濟安全，不可或缺的一塊拼圖的原因。

19 有珍貴的回憶，存在就不會消失

　　小君23歲就罹患腸癌，5年多來經歷過無數次的化療、電療、標靶及跨院治療，不服輸的她卻仍難抗病魔，被醫師診斷藥物治療效果有限且已產生抗藥性。為了不留遺憾，小君選擇在安寧療護團隊的協助下，在病房舉辦「生前告別式」。「人生最大的遺憾就是後悔！我沒辦法叫癌細胞消失，但我希望可以跟我愛的人好好說再見」，邀集至親好友齊聚，一起聊從前、好好說再見。除了生前告別式，小君在人生終點之前也展開一系列的圓夢清單，在醫療團隊協助下完成翱翔天際的願望，搭乘輕航機俯瞰家鄉，用雙眼紀錄著花蓮的每一片風景。（今周刊，2022）。

張姮燕老師　*Heidi*

　　在大部分台灣人的家庭中，生死這個議題都被刻意的閃躲，從醫院及一些建築的電梯沒有「四」樓，就知道對這個從出生那一刻起就開始走向的道路—死亡，有多麼的忌諱。對照歐美，死亡學（Thanatology）前後經歷將近百年的歲月已發展成一門顯學，而台灣於2000年以後，才由台灣大學開始，在各大專院校開設生死學（Life-and-Death Studies）相關的通識教育課程。但我在大學時期，也從來沒選修過生死學相關的課，直到研究所後，經歷家人的生病與離世，對死亡的認識，直接進入實證研究。

　　母親罹患癌症後進入安寧共照，其中一部分是協助病人及家屬，面對死亡及安排身後事。對從來沒有直接面對死亡的我跟妹妹，是個死亡教育的開端。但是就算我們跟母親都知道癌細胞來勢洶洶，若會痊癒只能靠奇蹟，但要接受並安排「生前告別式」，對仍不放棄一絲求生希望的我們，仍舊困難。可能因為父母親都知道表面堅強的我，其實心軟也不想面對，所以從來沒有跟我討論過他們的身後事。但後來我才知道，其實媽媽有跟妹妹交代想要以佛教儀式舉辦告別式，說也神奇，就在妹妹按照媽媽的心願去接洽她指定的葬儀服務過後數日，母親就陷入昏迷。從醫院離開到回到家裡就有一群「福智師兄姊」集結到家中念經，以及幾個「古嚴寺」住持及師兄姊主動協助的法會，甚至到最後由「德華師傅」一路陪同進到古嚴寺的「報恩堂」，都非常順利地一一完成。

　　但仔細回想，這些「順利」，必須奠基在事先已討論過要以怎樣的儀式及預算進行，並且需要我跟妹妹沒有持相反意見，才能讓其餘的步驟，就只要按照著師父、禮儀公司、師兄姊交代的流程進行。去

年（2022年）送走外婆時，長輩們已討論過要用道教儀式，鄉下舉辦的告別式，仍舊傳統，誦經、燒紙錢、摺蓮花等事情外，還須按照禮儀公司及道士與當地寺廟乩童的交代與建議，增加其他事項。但現代的喪葬服務，已經服務專業化，家屬只要決定儀式舉辦的方式，就都有專業生命禮儀師全程陪伴家屬參與整個喪葬流程，除了管理自己的情緒，以及完成每天必須完成的儀軌，也不大需要再費神思考。

　　跟辦婚禮一樣，可以奢華講排場，也可以簡單搞溫馨，而過程中也可能想要安排一些特殊橋段，或是禮儀用品，而增加開銷。這些人生一生一次的重大儀式，對提供服務者而言，都是商機，也是在創造一個記憶點的服務過程。婚宴，我們可能還會貨比三家，看看各家飯店的布置、菜色、服務等，但告別式，可就沒有這樣的閒情逸致。事先與家人討論哪一種宗教儀式，還是最重要的一環。而不同的儀式，又涉及習俗、傳統、儀軌等，可能會在過程中，增加超出原本預算的支出。人生最後一段路，活著的人要多擔待，把流程走完。很感謝在辦理喪葬事宜的期間，有親朋好友的相伴，也感謝母親事先有告知我們，她想要的儀式，讓我們可以遵從。告別，已經很困難，但求儀式的圓滿，能讓生死兩相安。

童文薰律師 **Winifred**

《一切始於一見鍾情Love at First Sight》是2023年Netflix原創美國浪漫喜劇電影，劇中男主角Oliver從美國飛回老家英國，參加罹癌母親的生前告別式。這個生前告別式以《哈姆雷特》為主題，參與者分別扮演這齣舞台劇的角色，非常溫馨感人。男主的母親Tessa說她想聽聽親友對她的一生有什麼感言，這些珍惜與愛的語言，如果等到她死了才說，多麼可惜啊！

她選擇還活著的時候聽到大家對她當面的讚美！多麼豁達的人生觀啊！

Tessa走過化療過程但是又復發，這次她決定不再治療，丈夫與小兒子接受她的選擇，但大兒子Oliver卻不能理解，因為他不想失去母親。他希望母親接受治療，或許可以再延緩6個月甚至12個月的時間。Tessa溫柔地告訴兒子，她不想在這些時間裡做一個個病懨懨的絕症患者，她希望離世之前過得有意義，做自己想做的事，活得像自己。

Oliver的父母因莎士比亞的舞台劇而結緣，所以告別的派對也以他們兩人最愛的劇場形式來舉行。這個生前告別式將兩人的一見鍾情、劇場工作與生活融合在一起，與至愛的孩子及親朋好友共同劃下美好的句點。

說愛要及時，才沒有遺憾。

第四章　求而不得，也未必是遺憾

20 豁達的人生：走過悲傷

　　既是事業夥伴，亦是人生伴侶的楊惠姍和張毅，在1987年共同創辦「琉璃工房」，兩人攜手逾30年。但在2020年底，張毅因病逝世，楊惠姍形容自己像是被挖空了一塊、不完整了，整個人空蕩蕩的：「心是空的、腦袋是空的，惟獨悲傷的情緒是滿的」。任何一個小小的觸動，都會讓楊惠姍的情緒潰堤。她描述著一邊整理人生伴侶留下的東西，一邊馬不停蹄的進行各種事項，一邊哭了又哭。「當所有他的東西，一瞬間全都變成紀念品、遺物，怎麼能不觸動、不痛呢？」但面對許多事情必須處理，楊惠姍終究得鼓起勇氣，接下過去最害怕的演講、發表活動，就這樣關關難過關關過，接受「現在張毅不在了，我就是半個張毅。」（天下文化，2023）

張妲燕老師　　*Heidi*

　　記得多年前，曾接受神經內科醫生的邀請到教會分享失智照護的經驗，而在那場演講中，提到在失智症這條不歸路上，「用愛陪他走一段，他也用愛陪你走一程」。會中跟教會牧者、弟兄姊妹、失智症患者的家屬，還有一些醫護及社工背景的專業人士，分享我與妹妹如何安排旅遊與飯店，帶爸爸上山下海，甚至遠到夏威夷看火山、與海龜同游，再加上各種從美國扛回來的保健食品多管齊下，以「只要能讓清醒的人覺得不後悔的，就去做」為照護父親的定海神針。會後，一位長期關注各國高齡政策及長照制度的朋友，笑著問邀請我的醫師說：「你到哪裡找這樣滿面笑容的失智症家屬？」醫師賣著關子回：「當然是特別挑選的」。原來，大家對失智症家屬的認知，可能要滿面愁容、束手無策，甚至怨天尤人呀！

　　從沒刻意去分析自己面對母喪以及照護失智症父親時的情緒，也沒打算去歸因自己是樂觀還是認命，但總是覺得既然事情發生了，就應該讓這件事情具有意義，要不然這一路照護經驗走來所承受的壓力、痛苦、喜悅、悲傷等，不就都徒勞無功了嗎？我相信Everything happens for a reason，既然都發生了，就肯定有其意義。也基於這樣的信念，我走上替有照護需求的人發聲的路。在2020年4月，照護我重症失智症父親的印尼籍看護Eta，在我充分信任且視之為家人的狀態下，竟然在家裡還有另一位外籍看護、台籍看護及同住家人的眼下，跳上來接應的車子，逃逸了！逃逸後的她，沿途把窗外的風光，當作一件旅遊趣事來記錄，貼到抖音跟朋友分享「在台灣逃逸很簡單、很有趣，而且可以無縫接軌的工作」。明明可以辭職，或是好好溝通，外籍看護卻選擇把毫無自理能力也無法求救的父親丟著，挑戰

著台灣的制度與法治，當下的我其實沒有憤怒，反而是很深的哀傷，難過著對人的信賴與付出，在失能的制度下，可以被如此踐踏。

在照護重症父親之餘，還得想辦法在疫情期間找看護遞補，但因為外勞逃逸，就算不是雇主造成的，勞動部懲罰家庭類雇主空窗期三個月（直至2023年5月才修法通過縮短家庭類雇主空窗期到一個月，而產業類雇主從六個月縮短是三個月），所以外勞逃逸後的五個月，就只好聘台籍看護協助照護工作，一個月家中開銷頓時增加四萬元不等。但因為聘不起台籍看護24小時照顧，於是只聘僱白天的12個小時，剩下的照護工作，就等我們下班後，繼續接手。白天上班、晚上照護，這樣的日子，或許能解釋為什麼不需要豁達，就可以走過悲傷與難過。因為根本沒有力氣與時間難過，永遠都在找「穩定的照護人力」，避免自己心力交瘁。

如果說遇到每一個意外，都有「創傷症候群」，我自評在十幾年照護父母親的經驗中，創傷不完全來自疾病以及死亡，因為父母親的疾病都可預見是個「不可逆」的狀況，而我只是在這段告別的過程中，讓他們能多陪我一點，也讓我可以無悔一些。所以照護與陪伴本身，起碼我有機會慢慢準備道別，有哀傷但不算創傷。但這十幾年來頻繁遇到外籍看護突然翻臉、怠工、逃逸等狀況，每每聘僱新的看護工，面對仲介及外籍看護，都有莫名的恐懼與焦慮。聘僱外籍看護造成的心理創傷，恐怕要到沒有因為照護而導致的聘僱需求，方能了結。

童文薰律師  *Winifred*

對我來說，父親去世或婆婆離開，因為他們的年紀與長期的疾病，所以雖然傷心但總有心理準備。然而外子的驟逝，對我的打擊卻無法以言語形容。

我的人生導師李潮雄律師痛失師母時，我曾安慰他，要他為我們大家活著，我們都需要他。請保持健康，時間會治癒一切。

到了英哲離開時，老師用相同的話安慰我：妳那時告訴我時間會治癒一切。

我答：那時我是哄您的！

直到失去，我才知道我用來安慰老師的話，有多麼輕飄飄。

有一天，一位企業家長輩用Line傳了一句問候「妳好嗎？」我回「在台南陪老爸爸，也去看看外子。」他立刻傳給我日本聲樂家秋川雅史演唱的《千の風になって》，讓我不用把外子永眠之地永在心上，因為「他不在那裡」。

那麼，他在哪裡呢？

《化作千風》
請不要佇立在我墳前哭泣
我不在那裡 我沒有沈睡不醒
化為千風 我已化身為千縷微風
翱翔在無限寬廣的天空裡
秋天 化身為陽光照射在田地間
冬天 化身為白雪綻放鑽石光芒
晨曦升起時 幻化為飛鳥輕聲喚醒你

夜幕低垂時　幻化為星辰溫柔守護你

請不要佇立在我墳前哭泣

我不在那裡　我沒有離開人間

化為千風　我已化身為千縷微風

翱翔在無限寬廣的天空裡

化為千風　我已化身為千縷微風

翱翔在無限寬廣的天空裡

　　這首詩據信是美國馬利蘭州巴爾的摩市，Mary Elizabeth Frye（1905-2004）所寫，另一種說法是一位喪偶的印地安人，在整理亡妻遺物時，發現她生前所寫的一首詩。

Do not stand at my grave and weep　請別在我墓前流淚

I am not there；I do not sleep　我不在那裡，也沒有長眠

I am a thousand winds that blow　我是拂面千風

I am the diamond glints on snow　我是雪花上鑽石般的靈動

I am the sun on ripened grain　我是澄黃稻穗上的陽光

I am the gentle autumn rain　我是溫柔的秋雨

When you awaken in the morning's hush　當你在破曉的寧靜中醒來

I am the swift uplifting rush　我是急速的飛燕

Of quiet birds in the circling flight　在你頭頂飛翔盤旋

I am the soft starlight at night　我是暗夜裡閃閃的星光

Do not stand at my grave and cry　請別在我墓前哭泣

I am not there；I did not die　我不在那兒，我沒有死亡

化作風、化作雨、化作初雪，與你時常相見，不曾離開。

在外子離世後，靠著女兒整理了他的遺物與很多的相片。申報遺產必須在一年內完成，還有很多他沒有在使用的銀行帳戶要處理，這些事我真的難以面對。如果不是同事Syrria協助，我大概會一直擺著不處理，既使法律規定期限前不完成會有罰則，那又如何？

三年後，我才有勇氣翻閱文件開始整理。一則是我準備好了，二則是我不想拖到哪一天我也走了，卻留下這些東西讓女兒難以處理。理好這些事，其實真正需要留存的也只有一小箱的東西而已。再過幾年，連這箱文件也沒有保留的必要了。所有的回憶都在基因裡了，說再見，其實也沒必要。

極簡的人生是理想，身無長物真的很輕鬆。就讓時間來治癒我自己，雖然時間沒辦法治癒一切。真的。

21 要怎麼說再見：死亡是解脫，很難開口嗎？

　　一名25歲「抗癌正妹」薇薇，罹患淋巴癌第三期，歷經12次化療依舊不敵病魔，不幸逝世。薇薇老公在她離開一年後，帶著薇薇的照片到處旅行，因為薇薇在努力賺錢第一次出國後曾問他：「以後還要去那裡那裡玩？」當時便打定主意要帶薇薇去許多國家遊玩；後來薇薇罹癌後，他承諾：「等妳治療好！我們就去環遊世界。」面對薇薇離世的事實，身為老公，決定帶著妻子的照片完成彼此的諾言，並在臉書貼出帶著妻子相片去澎湖、日本、泰國、芬蘭等地旅行的照片，也向網友們喊話，「如果沒妨礙請你們尊重」、「愛是一輩子完成承諾」！（三立新聞網，2018）

張姮燕老師　*Heidi*

　　我很愛問好朋友：如果讓你選三個國家，你最想去哪裡旅遊？為什麼要問好朋友不隨機問陌生人，因為我是個旅遊經驗不算少的人，好友的品味跟生活經驗會相近，答案才會有參考價值，想想下一站要去哪裡。不敢說看遍大山大水，但光是尼加拉瓜大瀑布（Niagara Fall）就去了三次，搭著霧中少女號（Maid of the Mist）讚嘆大自然的巧斧神功；去了冰島開車自駕環島一周，在藍湖溫泉（Blue Lagoon）泡了這輩子最昂貴的湯；連土耳其我跟學妹也租台車從歐洲這端開到亞洲端，只為了知名的白色溫泉勝地Pamukkale（棉堡）；到法國巴黎的香榭麗舍大道（Avenue des Champs-Élysées）、凱旋門（Arc de triomphe de l'Étoile）、艾菲爾鐵塔（La Tour Eiffel）耗上一天，捨不得離開這個聞名遐邇的觀光地區；在挪威看到冰河遺跡構成壯麗精美的峽灣風光，並體驗在奧斯陸（Oslo）這個曾經是全世界物價最高的城市，台灣人的薪資水平在那消費顯得左支右絀。還有更多這十幾年來走過的地方，每段旅遊都記得清清楚楚，包括同行的旅伴、享用的當地美食、旅程中的點點滴滴。

　　每段旅程，凡遇到特別的人、事、地、物，都會想說：下次我要帶家人來！但很遺憾的，這大部分旅遊過的地方，父母親大多沒有同行，而現在再也沒有機會履行諾言。記得父親還沒退休時，最常說他退休後要「環遊世界」，最少要去大陸走訪那些名勝古蹟，因為那是他最愛的書本中常描述的風光。後來失智症，連語言溝通的能力都退化，但相信如果時間能倒流，爸爸應該想要帶著家人，玩遍五大洲。而母親不愛出遠門，總惦記著她放不下的家人以及隨時得注意的股市，所以連2005年總算凹她願意到美國走走，她都急著十天內要回台

灣。當癌細胞開始擴散並已侵蝕到脊椎，連要出門都困難時，我握著母親的手，她跟我說：「我想去美國」。這幾年只要有機會出遊，不管是在國內或是海外，只要看到讚嘆的美景，我就會輕輕呼喚爸媽，嘆息著失去可以同遊的機會。

每段旅程，在整理行李離開家前，我都不是雀躍的，反而是憂傷要離開熟悉的環境跟短暫離別家人。旅程結束時，要收拾心情準備返家時，卻也是憂傷的，感嘆時間不夠再多走走看看。直到踏進家門，才雀躍著it's good to be home（回到家真好）。每趟旅行，都得經過這樣的正、反、合，毫無例外。究其原因，大概是因為每段行程的開始與結束，都牽涉到變動，而人是習慣性的動物，所以對我而言，這些變動都是感傷的，而感傷來自於必須要道別。離開家，跟熟悉的人道別；旅途結束，跟認識的人事地物道別；回到家，跟旅遊的度假感道別。而每趟旅遊，現在的我都抱持著再也不會舊地重遊（revisit）的態度，要把該看、該吃、該玩的，盡量都體驗過一輪。畢竟，全球各地方有各種美麗的風景與風土民情，等著我去探索，排完一輪，可能到與世界告別的那天，都沒能完成所有名單上的旅遊地點。

小時候，父母親總會在寒暑假，帶我跟妹妹出遊，累積不少旅遊經驗。但行程畢竟不是自己排的，對台灣的了解不多，我或許可以排列出美國50個州的地理位置，但我恐怕無法把台鐵從台北到屏東經過的縣市，正確地排序。媽媽過世的那年，我剛好在服務的學校擔任行政職，也擔任導師，學校賦予的任務，讓我有機會在台灣各地接待外賓參訪，或是訪視實習的學生。當時讓實習的學生可以自由選擇全台灣各地的星級飯店，所以一整學年，我開車訪視學生實習的飯店，高雄、屏東、台東、花蓮、台北、新竹、台中、台南、南投等地，甚至遠到金門，都因此留下拜訪的足跡。我看到父母親的例子，當還能旅遊的時候，選擇了工作或家庭，而當有錢有閒想或能旅遊時，健康狀況已經不允許。所以當我問好朋友們最想去哪裡旅遊時，聽他們述說的理由後，他們的答案就是我的功課。藉由參考別人旅遊的經驗，避免錯過這世界上值得拜訪的地方。而我也希望不會跟父母親一樣，抱著一絲遺憾，想去哪裡卻已無法成行。

童文薰律師 *Winifred*

「向死而生」是每個人出生時就定下的結局，沒有人例外。所以要如何看待生死？

韓劇《鬼怪》主角孔劉帶著胸口的劍與千年不死之身，必須找到能拔劍的「鬼怪新娘」才能解脫，但等他真的找到他的新娘之後，他突然眷戀起這個讓他無聊透頂的世界，百般不想死。

戲劇之所以能引發共鳴，正因為洞悉人性。

準備好了嗎？不是今天，因為今天陽光太美了。
準備好了嗎？不是今天，因為今天的細雨太迷人了。

但不管是充容不迫或者慌亂哭泣，那一天總會來臨。誰來面對處理？比較堅強的那一個，要負責善後？

既然人必有死，很多長輩跟我說過，人生無他，死得有尊嚴就好。所以殯葬的儀式，有很多講究。尤其因為宗教信仰的差異，常常讓家屬在靈堂起爭執。是要堅持基督教儀式還是佛教儀式？或者你拜你的我做我的？

如果這個最後一程，我們在生前就自己決定好，活著的人可以少一些彷惶不安與痛苦。

台灣的殯葬業有很多門道，不管是那種信仰或者沒有信仰，不管有沒有購買生前契約，即使是有品牌的大公司都一樣，如果你自己沒有堅定的主張，他們很會看人臉色揣測人的心理，讓喪葬費用只高不低。

殯葬業不能說的秘密

失去至親的時候，家屬紅著眼眶還得面對治喪事宜，往往心力交瘁。隨著小家庭越來越多，很多人在處理治喪事宜時都是第一次面對殯葬業，一切事務都是陌生的。因為陌生所以猶豫不決，難免成為業者眼中的待宰肥羊。

基督教與天主教因為有教會兄弟姐妹的協助，告別式在教堂舉行，又有牧師或神父祝詞，治喪比較簡單。但台灣人以道教信仰居多，也有選擇佛教儀式。用什麼骨灰甕，做什麼法事，燒多少金紙庫銀，都藏有殯葬業的話術。

如果希望親人淨身更衣、淨面化妝之後才火化，現在有大體SPA的服務可以選擇。家屬在禮廳陪著至親，尊嚴體面地做最後一次淨身。遺體全程蓋著浴巾，由男性／女性禮儀師分別服務。

如何避免在治喪時發生不必要的費用，平時就應該花時間瞭解一下相關細節。國人一般完在喪事費用上的支出在新台幣30萬左右，其中喪禮費用約20萬，塔位則為10萬。當然，如果要在這個基礎往上加，幾乎可以沒有天花板。全看每個家庭的條件與觀念。

一般告別式高架花藍的價格在1,000元以下。如果有特別喜愛的花，訂制統一的花藍擺起來大方高雅，一樣能在1,500～2,000元完成。會場正面擺10座高架花藍就像一片花海，如果會場較大，可以讓親友別送花藍，統一交由花卉公司代辦。

骨灰甕是親人遺體最後的家。我看過中南部一些私人的殯儀館將成色不佳的大理石類骨灰甕標價10～20萬，但如果在專門的石材公司，這些骨灰甕真正標價只有3,000到5,000元。所以想要什麼色澤與

質地的骨灰甕，建議親自跑一趟專門的石材公司挑選，售價包含雷射刻字與放上親人相片，品質佳而且價格合理。

　　我曾給朋友相同的建議，結果她選的禮儀公司卻不同意她減去價格表裡的骨灰甕，並誠實的告訴她，他們的利潤就在這定價8萬元的骨灰甕。後來她與禮儀公司重新議價，整體費用降低了6萬。去專門的石材公司挑選到的骨灰甕，質地比禮儀公司包套的款式好太多，她說「完全不可同日而語！」

　　台北與新北因為公立的殯儀館管理與場地限制較多，家屬不會大量燒金銀紙與庫銀。但在中南部，這個部份是業者主要收入來源之一，所以家屬通常會遇到這樣的情況——業者找全家最好說服的對象（失去阿公的阿嬤，或失去阿嬤的阿公）耳語一番，說昨天誰家多燒了多少，前天誰家多燒了多少，說到老人家心動，花幾萬台幣買一整車金銀紙，子孫圍著看這堆紙燒成灰。

　　但治喪的問題沒有是非對錯可言，兒女只要辦得到的，沒有人想讓長輩傷心。這也是業者的話術通常會成功的原因。

　　走完治喪流程，往往是哀思的起點而不是終點。陪伴與安慰是必須的，但卻不可能停止哀傷。不必強迫自己與親人走出傷痛，替代的方式是多想想歡樂的時光，也可以去有紀念意義的地方，舊地重遊。或者與親人一起去看場電影。療癒，就像植物的成長需要時間。就讓我們耐心等待傷口癒合吧！

愛要及時，帶著家人的相片去旅遊，當然很有愛，但如果生前想要帶著外籍看護、照服員一起陪同去旅遊，可以嗎？當然可以，但是要提醒一件事情，如果旅行是一時的，不需要通報。但如果工作期間較長，比如長輩在三個子女家庭中輪流住，而外籍看護因此必須要到三個不同工作地點，是可以的。當外籍看護工有輪住需求時，可在辦理入國通報時註明所有地點，後續即不需另外辦理住宿地點通報。

22　解開食物與情感的記憶連結

　　電影《海街日記》的餐桌上，每一道料理都是記憶，都是故事。故事中，離家十四年的母親突然說要回來鎌倉參加外婆的忌日活動，母親在大姊高中時就離家，中間鮮少聯絡，兩個妹妹對母親都非常想念，但大姊卻很難原諒母親拋下她們離家的自私行為。同父異母的小鈴因要參加喪禮而來到這個家一起生活，想著小鈴的媽媽就是當年父親外遇的對象，與母親間的愛恨關係就像卡在心底的一根刺。於是當大姊帶著小鈴在廚房裡做海鮮咖哩時，她忍不住一邊煮菜一邊忍不住抱怨著母親，說出心裡話：「這是媽媽教我的唯一一道菜，海鮮咖哩，因為海鮮不像肉需要熬燉，就是她這種討厭煮菜的人會做的。」而他們居住的老房子門前，有一棵五十五年的梅樹，每年都結出許多梅子，所以「釀梅酒」一直以來就是從奶奶傳給媽媽，再傳給姊妹們的年度功課，所以每年梅子季節一到，這家人都要釀梅酒。當母親要離去時，大姊將奶奶十年前釀的梅酒和姊妹們今年釀的新酒交給母親，那一刻母女間鎖死了十多年解不開的心結，彷彿瞬間融化、無須言語，一家人就以這瓶以時間、記憶和對家人的愛所封存的梅酒，彼此相繫（海街日記，2015）。

 張姮燕老師　*Heidi*

　　韓劇《海岸村恰恰恰》有一幕奶奶寫給孫子的信，「不管再怎麼難過，也一定要吃飯…幫你做飯是我唯一能為你做的事情」，孫子讀完信，把自己壓抑的情緒宣洩，一次徹底的悲傷。我抽屜裡至今一直放著一張紙條，但從母親走後我再也不敢攤開來看，那是我2007年在美國念書時，媽媽寄來一箱食物中放的一張「說明書」。出國前，媽媽永遠把三餐準備好，所以我完全不具備做菜的技能。所以那張紙條上，媽媽手寫著怎麼手工麵線要煮多久，而寄來的四物湯包又要怎麼用。媽媽的字，一直很工整、美麗、具有藝術感，透過那張小小的紙條，越洋傳遞滿滿的愛。那一箱食物，早就消化殆盡，但那張紙條，我又從美國，帶回台灣的家中，而且至今再也不敢碰觸，就怕眼淚決了堤。

　　父母親都是台南人，而台南人懂吃、愛吃的特性，尤其在母親身上特別鮮明，母親的家族，幾乎都是「吃貨」。媽媽廚藝很好，做菜速度也很快，跟她的急性子有關，有時候連水餃都還沒煮熟就急著上桌。每到用餐時間，剛從學校回來的她，就可以馬上變出一桌菜，讓我在趕著去補習班前，能吃到她做的菜。只要她吆喝一聲「吃飯囉」，我總是第一個衝到餐桌前等著開動，然後再看不會感到飢餓的爸爸，以及小時候對食物興致缺缺的妹妹，三催四請地才會到餐桌前。媽媽的一手好菜，也說不上專門於哪個特別的菜系，但只要她想吃且想做的，都可以做出來。但她也沒想過要教我跟妹妹做菜，只要我們念書，連我爸都只會煮白飯跟泡麵。

　　直到媽媽生病，而且已經嚴重到不能親自下廚，她開始口述怎麼煮，要我跟妹妹學。但我們拒絕媽媽教我們做菜，連她要給食譜，

我們都不想聽。原因很簡單，希望媽媽繼續做菜，而且我跟妹妹永遠學不會，她才會繼續煮下去。好似只要我們學會了，她就能安心，然後離我們而去。這念頭很傻，但我卻固執地執行著，也讓我至今從來沒從媽媽那邊學過作菜的一招半式。記得最後一次媽媽要教我們的是「豆豉燜苦瓜」，但我們依舊跟她撒嬌著，說她煮比較好吃，我們學不會。幾年在國外生活的經驗，連費時的Gnocchi（義大利馬鈴薯麵疙瘩）、手做蔥油餅都難不倒，母親的拿手菜，我每道都記得，味道也還在腦海中，我卻刻意不去復刻記憶中的美味。因為那些滋味，是屬於媽媽與我們記憶的共同連結，就算做出來類似的滋味，也沒有「媽媽的味道」。

　　吃貨應該都有個共通的特性，就是可以透過食物，獲得快樂、得到療癒，而這些正面情緒又加強了食物與記憶的連結。我知道我能做出媽媽那些食物的味道，卻刻意不去複製，但卻不斷找尋母親帶我去吃過的美味。記得小時候，爸媽總會帶我們到鹽埕區吃蝦仁羹與土魠魚羹，那條美食林立的街道已因都市發展而消失，但我嘗試尋找那符合記憶中的美味，至今仍不可得。我相信找不到一樣美味的羹，是因為隨著記憶與思念的發酵，而讓標準無限上綱。同樣在鹽埕區，有一家賣鴨肉的老店，打從有記憶以來吃到媽媽生病我們都還是常客，但在母親離開的好多年之後，總算鼓起勇氣再走進店裡點一桌一模一樣的菜色。老闆逐漸老邁卻也還是同一人，然則，吃進嘴裡的食物，卻再也不復美味。從此，我也就再也不進那間店，讓美味與記憶，繼續深藏在腦海裡，一如抽屜最裡面那張媽媽手寫的紙條。

童文薰律師 *Winifred*

在照顧父親的那些年裡，我總會思考遺傳基因的問題，設想會不會有一天我與他一樣在相同的年齡遇到相同的病痛？有沒有可能讓自己更健康，擺脫這樣的疾病？如果躲不開，我要如何面對病痛？

最好的選擇當然是控制飲食保持健康，因為我有另一半的基因來自母親，她相對健康，而且飲食習慣與父親不同。

在寫書的過程中，我把草稿給我高中同學，在長照領域的專家，郭麗琳醫師，請她給建議。她指出長照的很大一塊，是照顧中風的病人。但這些病人很多都沒有天天量血壓，甚至定時服藥的習慣。預防重於治療，如何有讓慢性病患有意願照顧好自己的身體？我們在第二章第8篇提到，可以鼓勵這些長輩每天去醫療或共照點量血壓，每天一次可減健保自付額10元。這樣的花費不多，但可以在長照領域省下很多資源。這就是她的提議。

日劇《深夜食堂》的故事，講一家只在午夜12點開始營業的餐館，菜單只有豬肉醬湯套餐一種選擇，但是餐館的老闆可以根據客人的要求，做出客人思念的料理。這些客製化料理的味道，可能是鄉愁，可能是初戀，更多是對母親的思念。所以食物很療癒，但療癒的卻不是食物本身。

《神隱少女》裡的無臉男，毫無限制地暴飲暴食，其實他真正需要的只是一個字——愛！他以為狂灑金子就能換來關注與愛，因為寂寞所以他暴飲暴食。直到千尋餵給無臉男河神的丸子，讓他狂吐出那些食物之後，無臉男還追著千尋說不會放過他。但因為千尋總是回應無臉男，在某種程度上算是友情吧，無臉男終於能夠自立，成為錢婆婆的助手，有了歸宿。

我相信社區照顧點，可以像千尋一樣給予需要愛但不自知的人——療癒系的關愛。這可以取代一部份食物的功能。

　　據說戀愛期的人比較瘦，因為腦部活動釋出多巴胺，這個多巴胺獎勵迴路，給人不知疲憊的動力，讓人持續獲得愉悅感，進而支撐自己的目標。例如定期量血壓，或者戒糖。

　　現代很多疾病甚至失智症，都與糖尿病的問題或血糖的問題連結起來。衛福部網站的衛教內容指出「糖尿病是非常重要的腦血管風險因子，糖尿病病人的失智風險比一般人高1.5至2.5倍，糖尿病控制不良會提高失智症的發生率。」控制糖與控制體重，有群體鼓勵或小競賽，比較容易成功。獨居的長輩需要更好的遠距醫療監測，在科技還未普及到家戶之前，社區照顧體系，仍然是我們寄予厚望的機制，應該恢復起來。

23　經過生命更迭，
學會要用力在自己真正在乎的事

　　重症名醫陳志金經常在社群平台分享醫學知識、生活日常，他在臉書寫下殯葬業者最常遇到家屬說「來不及」，而醫療人員最常遇到家屬說「早知道」。常常在親人往生後，才驚覺有許多的「來不及」，包括來不及盡孝、來不及道謝、來不及說出口的愛、來不及化解彼此的心結、來不及道別。陳醫師也指出，在親人病危時，照顧的至親也有許多的「早知道」：早知道就堅持他要戒菸、早知道就早一點把他帶來醫院、早知道就叫他要好好控制血壓和血糖、早知道就叫他不要出門、早知道就叫他出門要穿暖一點。陳志金認為，來不及的，成為「遺憾」，而早知道的，就是「內疚自責」；而如果沒有「人」幫忙化解，就會變成一輩子的糾結（三立新聞網，2022）。

張姮燕老師 *Heidi*

　　回顧聘僱過的每一個看護，不管是外籍還是國籍，都有著各自獨特鮮明的個性與習慣，而一個陌生人，甚至來自不同文化背景的陌生人，突然來家裡共同生活，而且這聘僱關係竟然緊密到沒有彼此分開的時刻。但因為照護需求，我們必須學會且接受把至親至愛，交託到這個最熟悉的陌生人身上，並期待他在我們因為工作、自身健康狀況、家庭等因素，無法親自照護的時候，能夠有穩定且專業的人力可以替代或協助。對這些照料家人的照護人員（caregiver），其實不管是哪個國籍，或是協助時間多久，縱使只是一天的相處時光，回想起來大多時候還是感激的。畢竟沒有其他人幫忙，身為主要照護者的自己，早就生病了。在一次面對年輕生命選擇結束的遺憾，而接受團體輔導的經驗中，心理師提醒自己，在關心別人、照護別人、感恩別人的同時，別忘記好好照護自己、跟自己的道謝。

　　道謝、道別、道愛似乎是面臨生命更迭時，必須面對的課題。但台灣人，尤其是老一輩的台灣人，把所有的愛藏在心裡，深深地壓抑著。擁抱、讚美、示愛等直接的情緒與肢體表達，幾乎很少出現。2022年在外婆的治喪期間時，看著平常很大男人的舅舅們，根據禮儀公司的交代，突然必須每天早上在臉盆換上一盆乾淨的水、放好毛巾、擠好牙膏，請母親來洗臉，也必須備好早餐，且母親享用。那時，心裡感觸甚深，想著當父母親在世時，為人子女的，有沒有也這樣溫柔體貼、心甘情願、輕聲細語的準備盥洗物品跟食物呢？舅舅們都很孝順，但這畢竟不是傳統的兒子們，會對母親做的事。或許最後這段的服侍，也在心靈上彌補之前沒如此行的愧歉。

　　人死後的喪禮是給別人看的，只有生前的生活才是自己的，如

同聖經《傳道書》第八章提醒著：「這世界讓人覺得不公平……但有一件絕對公平的是，無論是義人、惡人，都要遭遇一樣的是，就是死亡」。當我真實面對死亡的殘酷、面對那不得不地被迫接受，也了解生命的寶貴；雖然仍舊不夠愛惜身體，也頻繁地熬夜，但學會珍惜也感恩活著的每一天。但要怎麼讓自己快樂？每個人的答案不盡相同，但要找到能讓自己能相對開心的人、事、物。比如我喜歡品嘗美食，吃東西遠比逛百貨公司能療癒心情，就會選擇用美食讓自己快樂。有些人可能要工作才會快樂，那就工作吧！如果連死蔭的幽谷都走過，就該試著把時間跟精力，用在自己真正在乎的事。我也有心情沮喪到對什麼都沒興趣，連起床都不想，但因為必須要工作，也只好起來面對。但如果真的當下找不到在乎、開心、想做的事情，可以用「刪去法」，刪掉不在乎、不想做、會不開心的事。

除了找到讓自己快樂的因子，找到自己的壓力源（stressor）然後避開，也很重要。母親走後幾個月，我接受學校的行政工作，白天除了上課還要接待外賓跟開會、晚上還有進修部的課要上，那時候每天醒來第一件事，已經不用去看媽媽有沒有呼吸，而是登入公文系統，不希望有文件卡在我這裡沒送去而耽擱。用工作等事情塞滿自己時間讓自己沒空哀傷，再加上當時父親的病程處於最難照護的時候，每天都像陀螺一樣。從小就是健康寶寶的我，對疼痛也沒什麼感覺，但身體其實很誠實，一下感冒、一下冒痘痘、一下又起疹子，這些可以「目測」到的身體反應，竟然讓我從皮膚科醫師說這是身心症，而到身心科就診。身心科醫生更是一絕，竟然鐵口直斷這些不適，來自「重要他人」的壓力。醫師後來建議吃一些維他命（如B群、鎂），

也沒開藥，但我自己因為在醫生的提醒下，意識到我的壓力源，於是做了一些調整，包括辭去行政職。當我斷除部分壓力源，也面對且接受自己原來是有壓力的，身體如實的反應，就再也不會三天兩頭感冒。至今我還是不知道醫師們怎麼看出我身體的狀況來自壓力，但感謝這些在生命經歷中出現的人，適時的拉了我一把。我也希望自己曾經、現在或未來，是那個在別人生命中，拉他一把的人。

童文薰律師  *Winifred*

很多人試過打坐與冥想，但發現腦海裡各種雜念停不下來，所以難以靜心。於是有人打坐時放音樂，以音樂來牽制思緒，以一念代萬念，經過不斷的練習達到止念的平靜狀態。

這就是人腦天生的狀態。甚至可以用「悲劇腦」來形容人腦設計迴路——爲了保護自己，腦部對危機的重視程度遠大於對安逸、快樂、享受的回憶。所以當我們無法止念的時侯，回憶的內容，就是自動聯想各種懊悔、煩惱、憎恨的時間。一個念頭接接另一個念頭，永不止息。

由於痛苦是更加強烈的情感，造成痛苦的負面情緒遠比正面情緒來得深刻，這些痛苦與負面情緒的起點，經常是「早知道」、「如果」、「重來一回」……。

想擺脫這些負面情緒，要花的功夫很深。甚至可以說整個人生都在修煉也不爲過。

雖然很困難，但還是有簡易的方法可以採行。

第一、**儀式感：**用座右銘來提醒自己想一件正面的事；或者在每天固定喝咖啡的時間，想一件正面的事，鼓勵自己的事。

第二、**轉念：**看書、追劇都可以忘我，這個時侯是腦袋眞正休息的時候。

第三、**打掃房間：**一邊放有聲書或喜歡的音樂跟著唱。房間也整潔了，情緒也放鬆了。

第四、**蝴蝶擁抱：**我從脫口秀的老師那裡學到這個方法，在沮喪的時候找個角落用力擁抱自己，然後告訴自己：我愛你，你很棒，你很幸福……我把這個方法分享給大學生，意外

得到不錯的迴響。這可能跟現代人缺乏肢體接觸，甚至從兒童時期起就缺乏父母的擁抱有關。醫學研究指出缺乏擁抱的孩子比較容易感冒生病，所以鼓勵父母多對新生兒，抱、拍他、撫摸，以溫柔的聲音對他說話，這種刺激會增進大腦生長，尤其是情緒與社交能力相關的能力。因為人類的皮膚感受會傳送到大腦的身體感覺皮質區，以及大腦處理社交的區域，激發荷爾蒙。這種善意且充滿愛的碰觸會使人感到快樂並降低血壓。

同樣的方法用在成年人也可以產生療癒的作用。但成年人感到沮喪時未必有人可以即時給予擁抱與鼓勵。蝴蝶擁抱是自己隨時可以給予自己的避風港。試試看將右手放在左胸前，左手放在右胸前，交叉的狀態輕拍自己，並用力擁抱。需要多久的時間？直到自己感覺好多了，能夠冷靜下來。

第五、**食物**：如果一顆巧克力可以療癒你，那就打開巧克力盒子吧！但食物可以療癒絕不是暴飲暴食的藉口！永遠都不要變成《神隱少女》裡無臉男，因為你真正需要的是關懷與愛，食物只是替代品。愛要及時，坦誠跟親人與朋友說，自己沒有那麼堅強，需要肯定與鼓勵。同樣的，我們也要看到對方的脆弱，適時給予關懷與支持，一起打造一個幸福自由的家庭、社會與世界。

24 面對悲傷，選擇專屬自己的療傷方式

　　W先生母親在2022年台灣新冠肺炎死亡人數瞬間攀升至萬人的這段時間，罹患新冠肺炎，從染疫到死亡的時間不到一個月，最後在醫院過世。母親被驗出口腔癌必須接受治療，住院手術成功返家休養，但需要持續回醫院拿藥，術後四個月突然被里長發現倒臥家中，送去急診，意識清醒本在檢查後就要出院。但入院隔天病情急轉直下，呈現呼吸急速、喘氣、意識不清等狀況到必須插管治療。接著四處請託總算拿到瑞德西韋（新冠用藥），持續住院近兩周後好轉，並順利拔管，轉入隔離病房。隔幾天突然白血球與血氧量忽高忽低，醫生表示「母親因為肺炎引起敗血症和腎衰竭，可能活不過下午」，受限政府的禁止探病規定，W無法到ICU隔離病房探視母親，僅能透過手機視訊替媽媽打氣。原本以為順利度過危險期，當晚接獲醫師的電話告知「現在我們開始急救三十分鐘，心跳沒恢復就會放棄急救。」半小時過去了，話筒再次響起，「現在開始壓胸，壓胸無效，急救到口鼻冒血，請問家屬要不要電擊？」W先生表示不忍繼續急救，隨即院方協助將手機帶入病房，W開啟視訊看著自己的母親最後一面。但還來不及哀傷，W就得面對母親因傳染病與疫情相關規範，被要求24小時內迅速火化的殘酷現實（Heho健康）。

張妲燕老師 *Heidi*

全球一場無預期的新冠肺炎（COVID-19）讓許多人措手不及的面臨生離死別，而且甚至有的連最後一面或是瞻仰儀容都無法。在疫情嚴峻時期住院的人，受限於衛生福利部的規定，幾乎無法探視家人。可能因為時任「社團法人台灣失能者家庭暨家庭看護雇主國際協會」顧問及理事長，接觸許多這段期間聘僱不到看護，以及家人生病見不到最後一面，只能在護理人員的協助下，視訊道別。縱使每個需要照護的人狀況不一，但著急的家屬的共同點都是急需照護人力，但

因為疫情之故，暫停引進佔看護工數量最大宗的印尼看護，整個照護市場不僅缺工，就算有看護也趁火打劫把薪資往上調高。暫停引進印尼看護，雖然也同時遏止了印尼趁機以輸出工人「零付費」而悉數轉嫁到台灣雇主端的要求，但也讓新冠疫情這三年來的照護人力，更捉襟見肘。面臨生離死別前，還要處理照護人力的空窗，許多人面臨工作、生活與照護的壓力，悲傷到連哭都哭不出來。

每個人療傷止痛的方式都不一樣，而道別對我來說，非常困難，只要有情感依附的人事物，要斷捨離都需要費一番功夫。記得小時候，爸媽送我去住很疼愛我的小姑丈家，光是周末要離開他們家，回到高雄的我都還會哭得肝腸寸斷。隨著年紀漸長，越來越珍惜眼淚，不是不再害怕別離、善於道別，而是把哀傷藏的更深。記得母親的告別式，前一天晚上寫的手稿，我平靜地唸完，甚至在臉上刻意掛上一抹微笑，當時二舅媽都還特地提醒，必須「面帶哀戚」。我只是相信，在天上的媽媽，應該不想要看到我們每個人都哭得死去活來，而我與妹妹哀傷有多深，身為媽媽怎麼可能不知道？媽媽離世、爸爸失智，連告別式都要小叔叔陪伴，才不為迷路或是失態，那眼淚既無法宣洩情緒，也無法解決問題，就留給夜深人靜的自己即可。

哭不出來也不是刻意，但偶爾總是會有觸動心傷之處，淚流不已。但我也在面對生離死別的過程中，學會「在世時好好對待、辭世時好好道別」。跟父親感情甚篤的小叔叔，從小疼愛我，每次見面總是擁抱加上親臉，也會在我與妹妹不在台灣的時候，帶父親去走走。突如其來的肝癌，他也不驚動親友，直到最後病情加劇，才通知整個家族，所幸當時都還能跟清醒的他說句話。眾人探視不多久，小叔叔就盟主寵召。2022年底，中風多年的外婆也突然發現癌症，住院後

就在安寧病房，當時醫院因為新冠疫情，每天都限制訪客人數。有一天，醫生通知希望家屬到場，要說明病情，於是我也代表母親出席。鄉下的醫院，可能稍有人情味，睜一隻眼閉一隻眼讓家屬得以輪流進入病房探視。舅舅們輪流進去握著外婆的手、說說話，外婆還偶爾會回應，那時候沒人知道那是最後一面。阿姨、舅舅們唯一全部到醫院聽醫生說明病情的隔天一早，外婆跟在病房看顧的表妹說「要回家」，接著血壓就變低，決定馬上回西港老家，等我們從高雄趕到，阿姨有機會跟外婆說幾句話，他老人家就吐出她在世時最後一口氣，隨佛菩薩修行去了。

先後經歷這些親人在給我們機會好好說再見的機會後才離世，其實心懷感恩，感謝他們預留人生最後一段時間，讓我們可以見上一面，道謝、道別、道愛。但不管經歷幾次的道別，失去親友的悲傷，也只有自己能療癒，也只有自己知道哪種方式管用。朝夕相處的人遠行，終究最難受，也需要較長的時間慢慢淡化憂傷。我，終究還是那個不喜歡道別的兒時的我，至今最討厭去機場，因為機場充滿了送行的記憶，必須離開親愛的家人與另一半，去求學或是工作。每次的離開，都問自己到底所謂何事，非得如此徒增自己分離的痛苦。而當台灣跟美國，都有各自掛念的人，兩邊都是家，入境與出境兩個國度，都有不同的牽掛與思念。生離尚且如此，更何況是死別。但我也相信，這些比我們提早離開的親友，終究會有在同一個國度再次碰面的那一天。

童文薰律師　　*Winifred*

　　在第三章第15篇我們提到2020年到2022年台灣人平均餘命年年下降，到了2022年更往下降到不足80歲。疫情導致死亡人數攀升，絕對是關鍵因素之一，但其他經濟因素與社會因素的影響也不容小看。然而，我們從這場疫情學到什麼？如何療癒自己並繼續人生旅程很重要，但回顧問題監督政府也絕對有必要。否則我們將在相同的問題上一再犯錯，政府也只會一再道歉卻從不改過。這與教育孩子沒有什麼兩樣。

　　先談醫療體系。第一線是救護車。原本我們的醫療系統有健全的通報體制，例如119出動救護車，通報就要行動。但在新北市恩恩案裡我們看到原本的體制被擱置，新的委外處理通報強行介入，但欠缺細節管理導致行政人員下班之後無人核定是否派車，新手父母欠缺經驗，於是耽誤了黃金急救時間，造成遺憾。

　　從2020年疫情初起，由於全球對新冠病毒不瞭解，導致恐慌性的強力抗議，各國政府幾乎沒有例外，都發生權力濫用的情況。包括封鎖城市、關閉邊境與強制隔離。這些強制措施甚至包括未經法院許可即調用手機定位資料、信用卡刷卡記錄等等，全都是以防疫為名，也受到大部分民眾的支持，任由政府用科技手段侵犯公民的隱私權與言論自由。

　　對疫情政策的質疑，本來就是公民監督政府的必然，但凡有質疑的聲音，被移送檢警的民眾不在少數，雖然大部分都由法院宣告無罪，但寒蟬效應已經讓公民在發聲之前產生猶豫。

　　中央集權的問題造成第一線醫護人員缺藥少糧，甚至要民間發起贈送呼吸機給醫療院所的行動；而瑞德西韋（新冠用藥）使用時機

不能及時，要層層核批，原因也只是因為中央自滿於防疫成效，沒有對接國外在慘痛的傷亡中累積的寶貴經驗，因此關鍵用藥沒有備足。後來則是疫苗採購與快篩劑的爭議，施打特權疫苗者都是政治與經濟權貴，政府對優先施打名單順序一改再改，毫無恥感；當世界主要國家都已開放快篩劑讓民眾自主檢驗，以利恢復經濟活動時，又爆出用「小吃店」承包採購的醜聞。

在數不清的嚴防死守與實名制登記控制之後，國人染疫死亡人數在政府無預警放手的2022年4月開始快速攀升，而疫情期間因疫死亡，究竟應該強制於24小時內火化，在社會強烈質疑之後衛福部與疫情指揮中心竟說一切都只是「建議」，而非強制規定！？對比衛福部前後不同的公告即可知真相是什麼。

《因應防疫鬆綁新制，自3月20日起調整COVID-19遺體處置感染管制建議》發佈日期：2023-03-09衛福部

中央流行疫情指揮中心今（9）日表示，因應如疫情穩定，「輕症免隔離，邁向疫後新生活」防疫鬆綁新制，將自今（2023）年3月20日開始實施，指揮中心經參考國際間遺體處置建議及評估國內實務需求，規劃同步自3月20日起，調整COVID-19遺體處置感染管制建議，配合該新制，衛生福利部亦將同步修訂「嚴重特殊傳染性肺炎死亡喪葬慰問金及關懷金發給要點」之適用對象為新制實施日前往生者。

COVID-19遺體處置感染管制建議修正重點說明如下：

一、取消「醫院或接體車上入殮封棺後逕送火化場火化」建
　　議，調整為「遺體得採火化或埋葬等方式進行處置」。

二、取消「不可再打開屍袋」建議，調整為「於符合感染管
　　制原則下，親友可瞻仰遺容，惟應佩戴醫用/外科口罩，
　　並避免直接碰觸遺體」。

三、取消「使用雙層屍袋」建議，調整為「如有體液滲漏風
　　險，應使用完全密封且非滲透性的屍袋」。

四、工作人員（包含醫護工作人員、太平間工作人員及禮儀
　　人員等）建議依執行任務之暴露風險，選擇適當個人防
　　護裝備。

　　如果大家記憶力不錯，回想一下以防止病毒入境為由，中央疫情
指揮中心曾下令禁止高中以下的師生出境，引發違反憲法保障人民居
住遷徙自由的質疑。

　　在疫情期間警方透過手機監控居家隔離，普遍得到社會支持。沒
有人在乎政府這麼做的法律依據何在？以疫情藉口的必要性真的存在
嗎？

　　更有甚者，政府以防止假訊息為由，結合社群網站用關鍵字嚴控
言論自由，在後疫情時代，這些政府握在手上的資料是否有按規定銷
毀？還時提供給特權人士拿去當成論文資料？

　　在災難發生時人民放棄部分自由，希望政府強硬起來抗疫，但基

於民有民治民享的精神，民主國家的主權在民，亦即防疫責任是每個人的責任，而不是寄期待於政府擴權就能做好防疫工作。

在疫情期間送走親人的創傷，比其他時候都重。要進醫院必須先確認是否確診，如此一來，心肌梗塞的患者死在急診室的案例也在疫情期間升高。親人不幸離世，在離世之前因為隔離而見不到至親最後一面。

從醫院直送火葬場的規定，又限制不能舉行公祭群聚。領回來的是一甕的骨灰，誰都難以接受。但衛福部遲至2023年3月才公告調整遺體處置管制「建議」，代表過去三年都是按照這個管制「建議」在處置遺體。這種冷酷的行政態度，對家屬的傷害是終生的！

天佑台灣，天佑台灣人！

25 為你自己活，也為他而活

　　朱銘出生於苗栗通霄的農家，從小就對雕刻有興趣，以鄉土風格和中國哲學為主，融合了傳統和現代的元素，處處展現他對人生和自然的觀察和感悟。他最著名的作品之一是「太極」系列，用不同的材料和形式來表現太極的動態和平衡，並於1999年，在新北市金山區建立朱銘美術館，將其作品和收藏展示給大眾，在國內外舉辦過多次個展和聯展，被譽為台灣當代代表性的藝術家之一。

　　高齡85歲的朱銘疑因長期有高血壓等慢性病，導致情緒低落，平日與妻子同住，兒子等晚輩住在附近，2023年4月23日晚間向妻子聲稱要去陽台運動，卻遲遲未返，妻子察覺有異前往查看才發現他輕生，並於書房內發現遺書（中央通訊社，2023）。

張姮燕老師 *Heidi*

　　其實家中有生病的人，不只是照護的重擔是種壓力，親友的建議或是輿論的觀點，也有時候沉重到無法喘息。比如，「不要被孝道綁架」，這句話是為了幫照護不了的子女解決心理上的罪惡感，還是希望鼓勵為人子女不應盡孝道，不需知恩反哺？若需要照顧的是子女，兒童癌症醫院也很多小病人，難道也要跟爸媽說，不要被子女綁架？又比如，「身為長女，要多擔待」、「不要餵食一段時間，人自然而然就會離開，妳們就可以解脫」等建議也令我哭笑不得，或是直接問「妳薪水多少？怎麼負擔得起」？「爸媽有退休金或是遺產嗎」？甚至甚表同情地說：「你們家只有兩姊妹？沒有男生？」都什麼年代了，這些問題還是每過一段時間就會出現在對話中。常懷疑，給建議或發問的人，是真心如此認為還是只是找話題閒聊。

2022年，看到很多人因為聘僱外籍看護照顧父母親，被網路霸凌說是假孝女、假孝子，而這些躲在鍵盤後面的人認為「真的孝順就自己顧，不要聘看護」。於是，在推薦下，把自己的照護故事略為陳述，得到「高雄市111年度孝行獎」，採訪的大愛新聞台記者，聽完照護雙親的故事，特別出動空拍機，來報導我跟妹妹照顧父母親的點點滴滴。但這個孝行獎，要獻給所有照顧至親的人，畢竟有沒有孝順的心意跟行為，不需要靠獎項來肯定。父母親生病了，子女照顧，天經地義，就像我們兒時生病，父母親也未曾把我們丟下。聘看護，更不是不孝，聘僱一個看護來協助照護、分擔照護工作，何錯之有？如果爸媽不在，這個家，就剩下空殼子。我為生病的家人而活，但我也知道生病的爸媽，也是為陪伴我跟妹妹而努力呼吸、奮力活著，直到肉體再也撐不下去的那天到來。

　　身為大學教授，必須從事教學、研究與服務，但這三樣必要之務，可以排得很緊湊，也可以輕鬆過日。但從我任教職的那一學期起，幾乎都是超鐘點，甚至擔任過行政職，每天像陀螺一樣。最近幾年，開的課多、學生也多，但更因為遇到外勞逃逸的問題，而成立「雇主協會」，專門為聘僱外籍看護的失能者家庭服務，甚至一不作二不休，把文件備齊，成立社團法人，也有了粉絲專頁、YouTube頻道及官網。服務的比重，突然增加數倍，生活更緊湊，但也因此認識很多好人跟不是那麼好的人，同時體驗不少有趣（interesting）的事，比如參加公聽會、拜會立委、出席勞資協調會等。Interesting是個很有意思的字眼，虛實不定，有時正面、有時負面，取決於情境，正如同目前涉及外籍看護、移工制度、長照等這些公共事務的議題

上，奇怪、荒謬、令人不解都是情境題。不把這些情境當作針對我一個人，而是無數個跟我一樣面臨照護困境的人，而且認知到台灣有幾十萬個聘僱外籍看護的家庭，都跟我一起活，擔任雇主協會顧問或理事長的這項社會責任，都變成非常「有趣」。

「一起活，也繼續活」可以讓失去親人或是得照顧生病至親的人，有正面活下去的動力。母親離世、父親重症，在選擇幫他們及自己「活出精采」的過程中，老天爺也安排了許多驚喜，讓我跟妹妹，可以在各自的領域，遇到我們各自願意順服、尊重、學習的對象，而且也讓我們可以不愧對父母親及國家給我們的教育資源，貢獻己力。從母親離開後，我每做一件事情，我都會跟在天上的媽媽說：「謝謝妳給我良好的教育、頭腦跟心，也讓我把妳的精神，繼續延續下去」。因為我相信，熱心、正義感十足的老媽，如果還活著，絕對也會同意我這麼雞婆，甚至也會跟著「挽起袖子撩下去」。

童文薰律師 **_Winifred_**

人的一生中總會遇到某些撐不下去的時刻，或者過不了的難關。成語說的「貧病交迫」，以及「情關難過」，都是讓人走上絕路的常見原因。

在我們最脆弱的時候，如何面對這個荒謬甚至殘酷的世界？這可能是我們為何需要戲劇的原因。

台大政治系教授李錫錕，在他的臉書《PPOWER錕狂語錄》談到肥皂劇的文化魔咒——

社會科學有一個名詞「文化的自滿」（cultural complacency），意思是一個社會中，很多人對現狀產生滿意的怠惰心態；他們對冒險沒有興趣，只求在日常生活中尋求小小的刺激解悶和娛樂自己。於是產生所謂「肥皂劇」（soap opera）或「家庭倫理劇」。名稱的由來是戲劇播放的時間正是家庭主婦大量使用肥皂等清潔劑清洗碗盤或衣物，她們一面做家事一面欣賞戲劇，所以有肥皂劇的俗稱。

肥皂劇的特色是不管男女主角多賣力演出，劇本生態始終不會超越男歡女愛、家庭倫理的小圈圈；和國家大事、社會脈動幾乎完全脫節或遠遠落後，所以有人諷刺肥皂劇是心智年齡偏低者的娛樂。

肥皂劇的賣點在哪裡？幾乎劇中主角遇到不幸的遭遇，典型的反應就是驚慌失措、怨天尤人、一蹶不振……讓觀眾產生強烈的同理心，會認為「原來我的怯弱是正常現象」，「我甚至比劇中人物更高明」。

一言以蔽之，讓笨蛋看了覺得自己很聰明，讓弱者看了覺得自己很堅強；看了別人的不幸，觀眾覺得自己平凡無聊的人生很OK……

　　「文化的自滿」或「肥皂劇的流行」都是人心轉弱、鬥志缺乏的象徵：戰勝的強國因為成功而腐化，戰敗或落後的國家因為自卑而逃避，都會寄託於這種脫離現實的情境。例如1920-30年代一戰之後、1940-50年代二戰之後的美國，1970-80年代之後的日本、台灣、韓國、中國……

　　美國在1980年代之後，因為脫離越戰陰影與蘇聯解體，肥皂劇開始擺脫肥皂色彩，進入「戰爭、冒險、征服」的氣氛，幾個史詩級的連續劇創造了美國再度偉大的意識形態，例如《戰爭與愛情》、《幕府將軍》、《南與北》、《冰與火之歌》……強國狀態必先有強國心態，美國已經率先擺脫了肥皂劇的文化魔咒。臺灣呢？讓我們拭目以待吧！

　　我完全同意鯤P的觀點，勇者的國度應該放下家庭倫理劇、個人的病痛、財務、情感問題，向偉大前進。但在脆弱的時候呢？就讓戲劇來療癒人心吧！

26 拒絕遺憾、無愧我心

　　新北市中和區2歲男童「恩恩」去年（2022年）不幸染疫離世，恩恩爸苦追延誤送醫81分鐘真相，並對市府提起國賠訴訟，家屬在恩恩逝世滿周年的當天，在板橋萬坪公園舉行「恩恩追思會」。恩恩爸在追思會開始後，與到場悼念的上百名民眾一起默哀81秒，並痛批沒收到新北市府官員任何一句道歉，也首度公開81分鐘的真相，也就是「新北市政府獨創的害命SOP」，並提到對於新北地檢及監察院等政府機關私相授受，他表示想對天上的恩恩說「爸爸盡心盡力了、無愧於你了」，也請大家持續關心恩恩案，沒追出真相他絕不放棄（三立新聞網，2023）。

張姮燕老師　　　*Heidi*

　　在父母親先後生病的這十幾年來，我們家聘僱過幾十位台籍與外籍看護，也承擔他們本身及其家庭的喜怒哀樂。不管是在照護工作本身，還是聘僱看護的過程，都抱持著「但求無悔、無愧我心」的態度。爸媽都不是年邁而需要看護「陪伴」的案例，而都是罹患重症，需要「密集照護」的病人；一個是隨時要人命的肝癌末期，一個是慢慢奪去性命的失智症。就算具備管理知能，了解跨文化的差異，在制度不完善的情況下，聘僱看護，跟買樂透一樣，要遇到好看護純粹看「機率」。但為了讓家人獲得妥善的照護，四處尋找好的仲介、機構、日照中心，希冀能聘僱穩定的照護人力。光是希望讓照護人力穩定，且有好的生活品質，這十幾年來我們也見證了長照制度的發展，幾乎能試的都嘗試過，唯有只有因為財力不夠雄厚，目前還沒法聘僱「居家護理師」。

　　本來家中有病人、老人，都應該把重心放在疾病、照護本身，而不是被外籍勞動力衍伸的這些狗屁倒灶的事情煩心，但卻很難！勞動部讓重症家屬，因為外籍看護工衍伸的勞資問題，讓失能家庭無法專心在照護的本質上。而衛生福利部主導的長照，從長照1.0到長照2.0，看得到改善，目前已經朝向3.0的數位導入。不僅外籍看護，仲介從台北找到高雄，北部口碑好的不想跨區服務，南部的常自成一格，媒合外籍看護像在買賣人口一樣，雇主毫無保障，常常越重症的，就越容易被海削一筆。失智症的病人，一句很難顧、不好聘，買工的費用在2014年的高雄，開口價就已是三萬五。也遇過台南的仲介，同一個工人，三年期滿續約，竟然還再要付一次買工費三萬元。勞動部遇到這些亂象，回應有照護需求已焦頭爛額的家庭，通常就是「市場機制」，以及「歡迎檢舉」。但為了有人照護家人，已不去計算這十幾年來光是付給仲介的買工費，有多少。外籍看護不管是逃逸、要求轉換雇主、合約到期、續約

等，都得再付買工費，甚至替看護加薪換取短暫的照護人力穩定。聘僱外籍看護沒有試用期，也沒有磨合期；委託仲介，沒有合約審閱期，也沒有退費機制。也只能慶幸，幸好還有錢可以支付，但想到沒錢的人怎麼辦，還是揪心。金錢可以買無悔，竟然是在照護過程中體悟到的事。

　　正因為拒絕在照顧上有遺憾，從來沒有放棄找更適合的照護方式，因為我真的怕，少試了一種，未來回想時會後悔。高級的養護中心、美輪美奐的日間照護，一一拜訪後，發現能照顧失智病人，不把病人用束縛帶約束在床上，讓病人也能活得像人的機構，真的不多。最近一次父親住院，加護病房的醫師跟我們溝通病情時，望向我焦慮的眼神說：「沒想到你們可以讓父親在家裡不臥床，且放這麼多人力照護，不是100分，而是200分」。接下來的醫囑，述說著加護病房跟一般病房的照護方式及預防院內感染的作為，似乎在鼓勵著追求200分的家屬。嘗試不同的方法，不是為了要被打分數，而是自己放不下，既然放不下，就盡力吧！

　　我老是想著，離開人世的人已經看不見、摸不著，但活下來的人，每段記憶都鮮明，如果要帶著遺憾過一輩子，太沉重。英文有句俗諺："When life gives you lemons, make lemonade"，比喻將困難努力轉變成機遇的態度，要在不利的狀況下盡力而為，類似於中文裡的「隨遇而安，苦中作樂」。每一天，我都為自己而活，也為爸媽而活，但不是那種媽寶，因為要取悅父母而證明什麼。我也常想，如果爸媽不生病，如果照護問題沒有這麼困難，我可能也還是那個不食人間煙火的大學老師。「逝者已矣、來者可追」，而逝去的可以是生命、健康跟曾經美好的回憶，但既然只有未來可以努力把握，期許自己要把日子過好，也要活出生命的意義，但求無悔。

童文薰律師 *Winifred*

在第四章第24篇裡，我們已經提出政府在疫情期間擴權與破壞既有制度的弊端，所以在這個章節裡不再重複弊端的問題。來談談如何別讓懊悔折磨彼此吧！

死亡只是我們看不透的輪迴過程。傳說中的孟婆湯是恩賜還是處罰？遺忘，可能是一種祝福。我很喜歡《今生也請多指教》這部韓劇，如果讓人能承載累生累世的記憶，這個人還能正常地生活嗎？很久之前我聽過一集相聲，裡面有一金句「誰記得誰痛苦！」，我們要因記憶而痛苦嗎？

遺忘不是忘了親人，忘了把制度變好，忘了讓其他的人不再重蹈覆轍受苦，遺忘是原諒自己與他人，因為人人都會犯錯。

遺忘與原諒並不容易。需要強大的力量才能克服懊悔、惱恨等苦痛。這個力量來自哪裡？

在國際人權的領域裡，我認識一群來自世界各地不同的宗教信仰者，他們身上有《五月花號》乘船去新世界尋找宗教自由樂土的勇氣與力量。但我們也看到在西方世界，信仰的力量已經勢微，甚至在公共場所，飲食前祈禱還會引來側目。

根據真實事件改編的電影《看見天堂》，描述牧師陶德柏波的四歲兒子寇爾頓在一場大手術後醒來，開始描述關於天堂的種種。但牧師卻在自己的教會裡受到攻擊——那些基督徒並不樂見因為天堂的描述吸引一些迷信教友加入教會，他們要的是理性的教會，甚至想要開除這位牧師，讓他去其他的教會謀職。

所以，人間的教會和諧比天堂是否存在還重要？

這是一個永恆的問題——你比較擔心天堂不存在，還是天堂真的

存在？如果天堂真的存在，你會改變目前的生活模式嗎？你會如何看待人生的甘與苦？

如果你有信仰或沒有信仰都無法改變這個世界分毫，但有信仰卻能給你信靠的力量（你未必要加入任何信仰團體），你會有不同的抉擇嗎？

我沒有建議也沒有答案，但我可以分享我自己的選擇。

我相信神的存在。因為看著任何一朵美麗的花，你會出神——這種不對襯或對襯性的美，是如何造出來的？科學進步的21世紀，人類還無法憑空造出一朵花來。如此神奇，不可能是雷電交織下，從無到有演化。若以機率來說，雷電交織之下，從廢汽車場打出一台747波音客機，還比《進化論》推測的更有可能——

「溫暖的小池塘，有氨和磷酸鹽，外部有充足的光、熱、電，化學反應產生了一種蛋白質化合物，並準備進行更複雜的變化……」

根據這個推測，於是有第一個細胞產生，然後有水生物，再從水裡爬上岸，接著有哺乳類動物……雷神好忙！

我相信有神，其中一個原因是我小學時發生的車禍，所以我有過瀕死經驗。無憂無懼、無冷無熱，那樣的經驗無法被剝奪。所以我相信死亡只是生命長河裡面比較重大的變遷，生生不息，萬物相連。

失去親人的悲痛不假，但只要記得他們只是解脫了這身皮囊，總有一日我們會再相逢，我就能更加堅強，為他們活出多一倍的人生。

第五章

給健康的你，說愛要及時

27 人生最大的智慧，是放過自己

　　設籍在新北市的陳小姐，聘僱外籍看護照料因疾病而失能的高齡母親。陳小姐因已自成家庭，無法與母親同住，但會定期探視母親的狀況。經過一段時間的觀察，陳小姐發現外籍看護照料母親後，失能讓仍有意識的媽媽日益變瘦且體力不佳，甚至出現行走能力不如以往的狀況。透過家中監視器畫面，發現外籍看護常有怠工的現象，不僅沒有按照醫囑進行投藥或進行復健的動作，甚至拿冷飯餵食老媽媽。陳小姐調閱多天的監視紀錄後，發現外籍看護知道監視器的存在，會烹調魚肉類擺在餐桌讓陳小姐看，但只餵食老媽媽蔬菜，魚肉類皆是看護獨自享用。陳小姐心疼母親營養不足，心痛聘請看護卻以不當的照護方式變相虐待母親，而其他手足卻覺得她小題大作，表示「有人顧就好，不要要求太多」。陳小姐電洽前任雇主諮詢這位看護當初轉出原由，前雇主如實告知此外勞不適合照顧人，建議要趕快換掉等語，陳小姐才驚覺仲介轉手一個不適任的外籍看護來照料她獨居的母親，既生氣仲介，也自責沒提早發現，更難過母親受到不當對待，也得繼續解決其他「天邊孝子」手足已抱定「誰在乎誰處理」的家庭照護難題。

張姮燕老師 *Heidi*

照護的每一天，不只是體力的消耗，更是個耗神的工作，尤其照顧失智或是沒有行為能力的家人，身為做決策的主要照顧者，每天決定的是受照護者、自己、家人及看護，怎麼過日子。而老人與病人的狀況，可以瞬息萬變，有時候一個不小心嗆到，就是肺炎的開端；又或是皮膚及關節處受壓迫過久而血液循環不良，一嚴重就變成褥瘡，甚至成為深可見骨的傷口。照顧中風、失智症、腦麻等類的病人，更得隨時觀察他們的身體的變化，因為他們無法表達身體的不適，除了透過血壓計、血氧機、溫度計、生理安全監控系統等來監測生命徵象，也得有人在旁照護起居，比如拍痰、抽痰、管灌、換藥等。

這兩年來，因為擔任雇主協會顧問及理事長，認識不少脊椎損傷或病變的朋友，才知道就算神智清醒，身體不能移動的人，往往自己有褥瘡也不自知。也才知道有人因為無法移動身體與四肢，不想麻煩家人移位，又沒有24小時看護的情況下，必須整天忍著褥瘡的痛，連蚊子來叮咬都無法揮趕。每個疾病都有不同的病症以及照護方法，而重症的人雖然最需要照護，但卻往往沒人願意照顧。不管是自己的照護故事，或是別人的照顧經驗，都一個比一個精彩或悲慘。遇過很想求死的病人，也遇過重症卻捨不得離開人世的老人；有遇過因為照護而兄弟姊妹反目成仇的家庭，也有看見因為生病而更有愛的夫妻。我不知道每個家庭背後的故事，但我體會自己的原生家庭，包括從國中起至今體驗到奶奶失智、爺爺年邁而老化、外公裝心臟支架術後中風、外婆中風後罹癌、母親惡性腫瘤、父親早發性失智等的病程以及家族在照護開銷及人力安排的種種。

這樣的「家族病史」，倒是提醒自己許多事情，首先就是要注意自己的身體健康，畢竟「基因」是個重要的影響因子，接著就是體會「活在當下」的重要性。每個人活著的一天都是往衰老的路上邁進一步，沒有人可以躲過，但就算努力的養生、維持身體健康，也沒人可以保證可以「健康呷百二」。我知道每天早睡早起的母親，也沒想

過自己59歲會罹癌而離世，當然我也常想著我們可以改變怎樣的生活及作息，去逆轉這個結果。如果生病仍是躲不掉的必然，我仍舊會決定「不逃跑」的陪伴與照顧，因為我不確定如果不照護而選擇逃避現實，未來會不會後悔，而如果後悔卻無法彌補，就得帶著愧疚感活一輩子。對我而言，悔不當初會比把責任扛下來還要痛苦。

　　但是每個人的抗壓性不一樣，如果已經扛不住，或是繼續堅持下去，自己會倒、會生病，就必須要先放過自己，告訴自己扛不下來就得先逃離一陣子。逃離的方法不多但有幾種選項，比如可以使用長照制度提供的「喘息服務」，由居服人員提供照護，讓主要照護者可以身心得以休息半天，或是把家人送到機構一陣子，直到自己身心得到休養或是捨不得家人在機構而再把責任扛起。我曾經也因為家裡照護人手不夠且當時照顧的身心俱疲，而把我父親送到機構一陣子。光是選機構我就看遍了高雄、台南、屏東評價不錯的養護中心，但後來選擇在高雄市區的機構，被要求一個月四萬還得付外籍看護一起入住，不僅照護開銷沒有降低，因為放不下所以每天下班還是去養護中心探視，每日舟車往返的疲憊加上回家看不見父親的不安，沒多久我就選擇把父親接回家。這樣的經驗讓我知道，有時候自己沒有想像中的超人，別逞能硬扛；暫時逃離也是種快速充電的方法，唯有在逃離結束回防後，才有精力可以繼續處理每天的照護決策。如果這十來年的照護經驗能提供什麼建議，我會說：扛不下的時候，暫時饒過自己，在不危及受照護者生命的前提下，偶爾逃離照護場域是主要照護者長期照護下必須要做的事情，而這期間所有決策的方針就是，但求無悔。

童文薰律師 *Winifred*

在第二章第10篇我們談到民法關於直系血親的定義，第三章第18篇則談到遺囑與親屬間的關係，還有遺產特留份的問題。這裡我們來談談對於失能者，親屬之間照顧責任的順序，以及責任的分擔問題。

按照統計，國內失能者家庭超過76萬戶，如以家計單位4人來計算，受長照之苦的人超過300萬人。誰來照顧？

民法對於扶養義務有很細的規定，除了規定哪些人互相負擔扶養義務，還定出履行扶養義務的順序。

民法第五章　扶養

第 1114 條

左列親屬，互負扶養之義務：

一、直系血親相互間。

二、夫妻之一方與他方之父母同居者，其相互間。

三、兄弟姊妹相互間。

四、家長家屬相互間。

第 1115 條

負扶養義務者有數人時，應依左列順序定其履行義務之人：

一、直系血親卑親屬。

二、直系血親尊親屬。

三、家長。

四、兄弟姊妹。

五、家屬。

六、子婦、女婿。

七、夫妻之父母。

同係直系尊親屬或直系卑親屬者，以親等近者爲先。

負扶養義務者有數人而其親等同一時，應各依其經濟能力，分擔義務。

所以如果祖父母（外祖父母）失能需要照顧，父母這一輩的叔伯姑（舅姨），是第一順位的繼承人也是第一順位的扶養義務人。所謂「各依其經濟能力，分擔義務」是指在同一順位的扶養義務人裡，經濟能力強弱不一，可以按照其經濟能力來訂定應該分擔的義務與金額。例如都支出收入的1/10，或者出錢較少的人可以出較多勞務時間。

一般來說扶養的方法由當事人自行協議，如果不能協議，則由親屬會議定之。而關於扶養費的給付，該承擔的人不承擔，可以聲請由法院決定。

聘請外籍看護並不足以卸下扶養義務，本篇案例的天邊孝子如果拒絕協議或者拒絕按照親屬會議履行義務，自然可以向法院提告，由法院來決定。

就法論法，我建議國人應該多運用法律程序，台灣才會走向眞正的法治社會。如果選擇包容承擔，那就不要心生怨懟。因爲怨恨只會傷害自己與身邊的至親，有怒火就要發對地方。

28 從容應對死亡，智慧面對人生

　　吳先生71歲時診斷出癌症，經過一連串治療病情穩定五年多。很不幸疾病再度復發，且病情反撲又快又猛。所以當醫師說明病情時，吳先生在太太面前跟醫療團隊說，這幾年的治療很辛苦，不想再這樣子拖下去。但他也知道家人捨不得，所以會再次嘗試治療，若療程效果不好，將選擇讓自己可以好好地走完人生最後一程，因此選擇不急救（DNR）以及接受安寧緩和照顧意願書的簽署。之後吳先生幾乎長時間待在醫院跟他的疾病奮鬥，人非常虛弱也常意識不清，可是如果醒來就會眼中帶著淚，要求陪伴的家人放手讓他可以離開。吳先生除了整天臥床，也無法自行進食，需要依靠鼻胃管與點滴來給予營養。再一次的感染發生了敗血性休克與呼吸衰竭，吳先生再次被送到加護病房，需要緊急的插上氣管內管，用呼吸器來維持他的呼吸。這時候醫療團隊陷入兩難，依照吳先生意識清楚時自行簽署的不急救（DNR）與接受安寧緩和照顧意願書，目前吳先生的確到了疾病末期，應該要遵照病人自己的意願，不做氣管插管、氣切，而轉由安寧緩和團隊接手照顧，讓吳先生沒有痛苦的走完生命最後一程。可是太太卻表示雖然他很想遵照先生的意思，但是兩個兒子有不同的意見，小兒子了解爸爸的辛苦，尊重爸爸做的選擇；但是大兒子卻覺得如果在這時候「放棄」維生醫療，就好像是自己殺了爸爸一樣，他希望爸爸可以多活一天是一天，即使身上必須插滿管子，而且吳先生應該也沒有機會再醒過來，他還是堅持醫療團隊必須用盡所有方法「救到

底」。吳先生後來也做了氣切，在生命最後的兩個月，身上插滿了管子，為了維持血壓，醫療團隊必須給予充足的水分，但是病人在病情很差的時候身體根本代謝不了這些水分，身上有傷口的地方也一直冒出水。吳先生終究沒有醒來，奇蹟也沒有出現。他在加護病房一堆維生機器的陪伴下過世（元氣網，2022）。

張姮燕老師 *Heidi*

最近幾年，已經重度失智的父親，開始出現血紅素低、嗆咳而肺炎住院的狀況。每次住院，同樣都是在急診室等待，更曾經有次在農曆春節期間，急診室宛如夜市般熱鬧，擠滿無法排入一般病房的病患，也讓我不斷思考，自豪著有全民健保的台灣，如果生命最終章，都得在急診的喧鬧、不安中度過，這離「減少痛苦、有生活品質的活到最後」還有段距離。從新冠疫情2020年初在台灣爆發，不僅要進醫

院探視有種種規定，甚至在疫情嚴峻時，從急診後送到加護病房，本來一天只能探視半小時的規定更嚴苛，家屬就只能視訊探視，我們也只能接受這疫情肆虐下的New Normal（新常態）。重症病人一進到加護病房，醫護人員就會跟妹妹還有我，反覆確認要不要急救、要不要任何侵入性治療。

住院期間，主治醫師查房後，往往也都會告知當下的病情、治療方向以及預期的結果。記憶中有一位資深的醫生，難得的有眼神的接觸，在述說病情時，開場白是「醫生不是神，所以我也不知道接著會怎樣」，接著他講了些什麼，至今已不復記憶，但那句「醫生不是神」，也讓我似乎明瞭些什麼，接受醫療所有極限，而醫者預期癌末病人還有多少時日可活，也只是個「估計值」。過了幾個月，另一位醫生，在多次幫母親針灸紓解癌痛後，悠悠著望著我說到「妳知道妳母親不會好了吧？」當下，我也緩緩點頭，表達自己雖正面樂觀但不naive（天真）到看不出嚴重性。而母親在醫院的最後那一天，因為已經幾乎量不到血壓，一位年輕的醫生主動說明接著發展的方向就是死亡。但畢竟沒有既往經驗，所以直接問醫生，那發生的時候怎麼辦？醫生誠懇地看著我說：「我記得我阿嬤走的時候，是回家放在板凳上」。

這些醫生的共同點，都是根據我母親當時的病情，直接或間接地透露醫學團隊就算用盡全部醫療方法仍舊無法挽救近期將死亡的病人，被判定屬於生命末期的病人，加上母親本人意識清楚，在住院期間同意採取安寧治療，拒絕無效醫療。也因為母親罹病期間幾乎都意識清楚，所以簽署預立安寧緩和醫療暨維生醫療抉擇意願書，而不是

病人失去意識或無法清楚表達其意願才由家屬簽署DNR，全名為Do-not-resuscitate order的不施行心肺復甦術。病人自己意識清楚的表達「善終」的意向，能避免最後由親人決定時的舉棋不定。就算病人本身，也有可能反悔，想要積極治療多活一段時日。媽媽當時因為癌細胞侵蝕到骨頭，第一次是大腿骨斷裂，第二次是必須在脊椎兩側打上鋼釘才得以坐立。當時如果以安寧療法，不應該開刀，但在骨科專業醫師的建議以及母親本人的意願下，還是進了手術房。

　　尊重病人的自主權，非常重要，但不管是病人還是家屬的選擇，到最關鍵決策的時刻，有時候也會與這些預先簽署的意向書不一致。我想，大部分的原因都是「不捨得」。放下，談何容易？看過本來全家族都決定不急救的狀況，在聽到醫生說情況危急的當下，全家都同意要打強心劑，讓老人家在多活幾天後，全身浮腫的離世。也看到在加護病房外的一個大男人，聽完醫生的解說，艱難的吐出幾個字「我們捨不得」，就到旁邊哭得不能自己。我也見識過美國的朋友，決定讓明明只要給呼吸器就可以多活一陣子八十歲老媽媽，就不做任何醫療行為的等待蒙主寵見的那刻。而面對父親現在已經無法有意識的完整表達意願，如果我跟妹妹仍舊堅持他在罹病之初、母親當時還健在時所表達的「橫豎都要救到底，要活著」，將是多麼困難的決策。所以醫療團隊總是會反覆跟我以及妹妹確定治療的方向，而我們的功課就是瞭解放置鼻胃管、胃造廔管、氣管內插管、氣管切開術、抽痰的必要性及照護方式，然後在必須要決定的時候，做出當下較好的選擇。

童文薰律師  *Winifred*

在第二章第14篇我們已經討論過DNR（Do-not-resuscitate order）不施行心肺復甦術同意書（參閱本書153-154頁）。Do-not是一個積極的選擇，所以過去譯為「放棄急救」或「放棄治療」同意書是錯誤的譯法。

因為這個錯誤的譯法，讓很多家屬在急診室裡難以抉擇。怎麼可以放棄急救？怎麼可以放棄治療？甚至病人自己已經選擇DNR，家屬堅持要各種侵入性的急救。這時醫生要如何抉擇？

依據「安寧緩和醫療條例」，要執行DNR須符合「由二位醫師診斷確為末期病人」、「意願人簽署之意願書」兩個條件。所以如果未經二位醫生判定為末期病人，即使簽署了意願書也無法執行DNR。

反之，如果家屬堅持無效醫療，為了避免訴訟糾紛，醫生大多會嘗試急救，直到家屬願意撤除維生設備或病人自然死亡。

所以一切抉擇還是要回到自己，才不會讓家人難以抉擇。

要如何進簽署DNR？首先要有書面的「預立安寧緩和醫療暨維生醫療抉擇意願書」，可向各醫院的服務台索取，亦可至衛生福利部、安寧照顧協會、安寧照顧基金會的網頁列印表格。拿到書面表格之後填妥意願書，然後將正本送回索取醫院，或寄到「台灣安寧照顧協會」，就可以完成健保卡意願註記。

在臨終前由兩位醫師判斷，不實施無效醫療，「不電不壓」，不洗腎、不插管、不裝葉克膜、不加呼吸幫浦……平靜離開，展開生命長河的另一段旅程。

結語 —— 死亡的告別不容易，但我們終究會相見

童文薰律師 Winifred

如前述，我們主張家庭看護工類的僱主，既然是巴氏量表核定的失能家庭，就不該課徵就業安定基金，因為他們根本沒有妨礙到任何台灣本勞的就業機會。

在一場由溫玉霞立委主持的記者會上，出席的身障朋友不只人談到如果無法活得有尊嚴，無法有穩定的照護人力，建議政府通過安樂死，讓他們可以被評估是否有資格選擇安樂死。

選擇死亡是否就能離苦得樂？沒有人有答案，但讓每個人都活得有尊嚴，相信沒有人會反對。如果能讓社會最弱勢的群體也得到他們想要的幸福，這個社會才能稱為文明社會。

有一部美國電影《超難搞先生》，翻拍自瑞典版《明天別再來敲門》。這兩部電影我都看過，看完的感覺是……理想的青銀共居模式就在電影裡。

在《超難搞先生》劇中，狀況百出的年輕移民家庭其實才是超難搞，一直打斷奧托計劃好的自殺行動，讓他無法去陪伴亡妻。流浪貓也是難搞的，收養了浪浪的奧托在妻子的墓前告白：「抱歉我還沒去找妳，這比我想像的困難，而它又搬進來，我養了一隻貓。」

年輕的移民家庭，成員熱情天真，無法覺知冷如北極冰原的奧托有多麼抗拒與人接觸。但是年輕媽媽瑪麗索至少知道奧托覺得她很愚蠢，嫁了一個什麼都不會的老公，養了這麼多孩子，肚子裡還有一個未出生，在這種情況下她必須學會開車才能帶著全家在美國立足。

瑪麗索對奧托說：「你一定覺得大家都是白癡，因為你都做得很好，你覺得自己什麼事情都可以搞定。」

試問自己，是不是也像奧托一樣習慣自己處理生活上所有的大

小事，不喜歡麻煩別人也不喜歡別人麻煩自己？如果能夠試著敞開心胸，接受別人的幫忙也對別人提供援手，人生真的會有不同的色彩。

不要輕易放棄自己的人生，社會更不能把身障者與他們的家庭推到必須放棄人生的絕境。

本書完稿前，我與姮燕一起去看了宮崎駿最新的作品《蒼鷺與少年》（你想活出怎樣的人生）。這是宮崎駿的自問也是對每一個地球人的提問。可能有些人有答案，可能有些人沒有答案，又或者不敢去想答案。

故事主人翁是個少年，他的母親久子死於空襲後的醫院大火。少年壓抑著心中的悲傷與苦痛，看似平靜地接受父親與母親的妹妹夏子再婚，還得轉學到母親家族所在地，住進失蹤曾叔公所建造的老宅。在這裡，少年遇到了一隻會說話的蒼鷺。

轉學的少年被同學霸凌，陰鬱的他並沒有被擊垮，卻利用與同學打架的事件，自己拿石頭砸傷腦袋。砸破頭的他，得到父親的關注以及不用去上學的病假。在少年養傷期間，蒼鷺跟少年說「你母親在等你，她並沒有死去」。少年憤怒爆發，他既想相信母親沒死，又恨蒼鷺看出他最絕望的渴求，於是製作弓箭要對付蒼鷺。過程中他發現母親久子留給他的一本書《你想活出怎樣的人生》，看著看著就流下淚來。

少年該不該接受新媽媽以及新生活？他想活出怎樣的人生？偽裝的平靜與順服，還是滿腔憤恨怨天尤人？懵懂的少年在尋找失蹤的繼母的過程裡，進入另一個空間「下界」見到了傳說中神秘的曾叔公。曾叔公交給少年幾個「淨土積木」交待他如何使用這些積木，但少年指著自己砸傷的傷口，誠實交待自己滿心惡意並不是好人，沒辦法操

控純淨的積木來保護曾叔公的世界。

少年要回到自己原來的世界，他不屬於「下界」。但這時少年也發現自己在「下界」認識的少女火美，其實就是母親久子的少女時期。少年想把火美帶回自己的世界，可是火美不屬於少年的世界，他們不能造成時間逆論，只能道別。

在片尾，曾叔公請少年回去之後用乾淨的積木打造一個沒有惡意的富足和平世界。這是宮崎駿所有作品的總結嗎？人類的共同願望應該是和平反戰打造一個沒有惡意的富足世界嗎？如果少年完成這個偉大的工作，那麼他就不只活出兩倍的人生，他幫母親、幫曾叔公都活出光輝，也幫千千萬萬人活出幸福。

我與姮燕的願望不大，失去親人之後我們量力而為，只想多付出一點力氣，幫離世的親人多活一點，所以書名叫做《活出兩倍的人生》。帶著這個願望，我們推動修法，希望不再有人走過我們經歷的苦路。感謝高為邦博士在移工政策如何影響台灣國力的問題上給我的啟蒙，也感恩父親給我的教育以及他的病苦讓我體會的人生五味。那時經常進出台北榮總，我經過石牌捷運站時有一個看板讓我印象深刻「救苦救難的是菩薩，受苦受難的是大菩薩」。如果我們都是乘願而來，這個「人設」都是下凡時選定的，所以我們不去問為什麼是我得病，為什麼好人不長命？雖然我們在迷茫的世界裡看不透因果，也不懂為何人有原罪，但如果我們能讓其他人不受我們經歷的苦，還是值得努力。在這個過程中，我們發現這個工作就像在「打造千千萬萬人的幸福世界」，我們不想成為《超難搞女士》，但如果我們能成功，願望能實現，就承擔起超難搞吧！祈願，我與姮燕能成功！

張妲燕老師

張妲燕老師 Heidi

　　這些照護故事的分享，在撰寫下來的同時，我與童文薰律師幾乎「每個禮拜都有戲」，不是去拜會各政黨的立法委員，就是參加勞動部的會議，或是委員舉辦的公聽會及記者會等等，而許多讓失能、重症、失智、身症、罕病兒童等家庭痛苦不堪的制度，比如冗長的照護空窗期、長照服務使用的限制、開立巴氏量表的不便、申請外籍看護的諸多條件等，卻也在我們不經意的忙碌裡，一項一項往受照護者的權益推進。回首這十幾年的照護時光，以及這幾年因此而接觸公共政策、移工議題等的人生經驗，我常想起父親在我求學時期常提醒的一句話：If you think you can, you can（你認爲你行，你就行）。這句話不是要我們自傲，覺得自己多行，而是要有毅力跟勇氣。或許念點書、在海外長年待過、有點社會經驗，能力還說得過去，但要完成任何事情的推動，絕對需要眾人之力，以及神的旨意。最常有人問我：你做這些事情得到什麼？你爲什麼要扛這些責任？我的答案往往是，「因爲我沒有什麼好損失的（I have nothing to lose），但如果寫寫字、說說話，可以改變些什麼，爲什麼不做呢？」

　　參加許多會議，我也認識很多人，看到各種人性的光輝與陰暗，更時常面對各種情緒來的眼淚。有罕病兒的媽媽，跟某男性立委講述的照護的故事，委員已經竭盡能事表現同理，但這位母親已聲淚俱下，得由我把對話下結語；有腦麻女青年，由母親幫其開視訊跟雇主協會視訊會議對話，描述自己每天擔心被外籍看護丟下的恐懼，語畢，在座理監事包括我自己，感傷的淚如雨下連找關畫面、找面紙都來不及；有遇到交通事故而成植物人的役男母親，在民意代表引薦

下，打來尋求協助，徬徨又擔憂著語氣，說醫生叫他把兒子送去最糟的機構，餓一段時間就可以解脫，夾雜著不斷地啜泣，述說身為母親的她做不到，問我怎麼辦。更不用說無數個夜晚，閱讀著跟協會求助的照護故事，或是看著自己協會理監事們這些重症卻往往成跳板的悲慘故事，更知道只要制度不改善，這些眼淚、哀鳴、傷痛，都不會過去的那天。

家人的生病與離開，總是會帶來省思跟感觸，或許我們會因此特別不喜歡過生日、母親節、父親節，或甚至任何會倍思親的佳節，但活下來的人總是要活出意義，也如這本書的書名《活出兩倍的人生》。是呀，現在要過的日子更多，所有佳節都要過，而且家人的生日與忌日，也都要過，何止兩倍人生？家裡有聘僱外籍看護，還要連外籍看護的人生都照顧到，她們的喜怒哀樂，處理自己遠方家人的生老病死，在勞動部預期聘看護就一切是「雇主的責任」的情況下，每天都是活出N倍的人生。

這一切的一切，我相信，發生與促成都有理由，包括跟童律師就因此寫了這本書，還有這麼多師長們願意寫序推薦。我更相信，這有母親在遠方的支持與看顧，把所有的人事物，都在最適當的時間，湊在一起，完成某些事情。至親離世，有感傷有懷念，有感謝有遺憾，但在這過程中，慢慢學著面對死亡就是個無法改變的現實，也是每個人一生中都要經歷的事，如同宮崎駿電影《神隱少女》中的經典台詞：「人生就是一列開往墳墓的列車，路途上會有很多站，很難有人可以自始自終陪著走完。當陪你的人要下車時，即使不捨也該心存感激，然後揮手道別。」電影往往總有一兩句話觸動心裡某個藏著很深的回憶，看完整場，也只記得那一幕，一如人生總有幾幕記憶老是在

不經意被攪動時，浮上心頭。如果你問我，「想活出怎樣的人生」，我想我希望在某年某月某一天，在與死去的親人見面時，她會跟我說：「生下你對我來說是最美好的事」。人生很難，說再見更難，抱持著「一期一會」的精神，把握每個見面、相處的機會，深信有一天我們終究會再次相見，而碰面那天若問起人生的選擇，我們仍舊選擇不後悔的人生。

謝 誌

這本書《活出兩倍的人生》首先要感謝的是逝去的至親與摯愛，謝謝他們讓我們有機會體會到把握當下的必要，並把他們的人生，延續下去，活地更精采。還在身旁的家人，更是我們每天活下去的動力與後盾，也是本書完成要感謝的對象。特別感謝畢業於澳洲墨爾本皇家理工學院設計碩士，也是作者之一童文薰律師愛女的楊軒，將她的數幅畫作作為本書的封面與穿插在各章節中的插畫，讓這本書不管是文字與畫作，都表達出對家人的思念與愛。本書眾多惠賜推薦序的師長、朋友，不僅瞭解也陪伴我們走過照護之路，也是讓這本書增添風采的推手。特別也要感謝隨時得提供資訊的社團法人台灣失能者家庭暨看護雇主國際協會的秘書劉千慈女士，常臨危受命提供我們寫作時需要的資訊。最後，要感謝我們這一路走來，給我們支持與鼓勵的各位親朋好友，你們沒有叫我們早點睡，也沒有三天兩頭催促，只有安靜且正面的等待我們這本書的完成。這此書完成的同時，我們看到移工制度與長照問題的改善，希望更多人能夠從破碎中找回自我，並能自由地決定要用什麼樣的姿態好好活著。最後，謝謝我們勇敢、不放棄、善良的自己！

病症暨失能診斷證明書（雇主申請聘僱外籍家庭看護工用）

流水編號（醫院自行編號）：　　　　　　110 年 8 月 16 日修訂
自 110 年 9 月 1 日實施

		醫院		（以 3 個月內 2 吋脫帽半身照片為限，並加蓋醫院騎縫章或鋼印）
姓名		性別		
年齡	歲 民（前）國　年　月　日生			
身分證字號				
現居地址	縣市　鄉鎮區市　村里　鄰　路街　段　巷　弄　號之　樓			
評估日期	年　月　日	病歷號碼	連絡電話	
病名及健康功能狀況				
請詳述治療經過、預後及醫師囑言				
照護需求評估	□被看護者年齡未滿 80 歲有全日照護需要(巴氏量表最高不得超過 35 分,如巴氏量表逾 35 分,需於「各項特定病症、病情、病況及健康功能附表」之附註欄詳述被看護者經評估需全日照護需要之事實原因)。 □被看護者年齡滿 80 歲以上未滿 85 歲,有嚴重依賴照護需要(巴氏量表為 60 分(含 60 分)以下)或全日照護需要。 □被看護者年齡滿 85 歲以上,有輕度以上依賴照護需要者(巴氏量表有任一項目失能者)。 □經醫療專業診斷巴氏量表為 0 分且於 6 個月內病情無法改善。 □被看護者不符合上述四項評估結果。 □目前無法判斷,理由：＿＿＿＿＿＿＿＿。			

院長：　　　　　　　　診治醫師：　　　　　　　　（簽名並蓋章）

醫師證書字號：

中華民國　　　　　　年　　　　　　月　　　　　　日

被看護者如符合申請聘僱外籍看護工資格,雇主應於醫療機構之醫療團隊評估日起 14 日至 60 日期間內(自醫療團隊評估之日起 60 日內為有效期限)向勞動部提出申請。

遺　囑

立遺囑人 ＿＿＿＿＿＿＿＿＿＿＿（下稱本人），茲依民法規定
自書遺囑內容如后：

一、財產部份：
　　本人身後一切財產扣除醫療與喪葬費後剩餘部份由法定繼
　　承人平均繼承，屆時若繼承人皆已身亡，遺贈予＿＿＿＿。

二、臨終醫療部份：
　　本人餘生所需照護費用，悉由本人財產支付。如本人因病
　　無法表達意願，委託 ＿＿＿＿＿＿＿為受託人成立照護與
　　醫療信託帳戶。

　　當醫生宣布病危通知時，本人願依「預立安寧緩和醫療暨
　　維生醫療抉擇意願書」，在符合安寧緩和醫療條例的修件
　　下，接受安寧緩和醫療、不施行心肺復甦術、不施行維生
　　醫療。

三、葬禮部份：
　　請以＿＿＿＿＿＿教儀式處理，本人有生前契約如附件。

四、本遺囑由本人親書，並由公證人公證。
　　（以下空白）

立 遺 囑 人：＿＿＿＿＿＿＿＿＿＿＿＿＿＿＿＿

出 生 日 期：＿＿＿＿＿＿＿＿＿＿＿＿＿＿＿＿

身分證字號：＿＿＿＿＿＿＿＿＿＿＿＿＿＿＿＿

戶 籍 地 址：＿＿＿＿＿＿＿＿＿＿＿＿＿＿＿＿

立 遺 囑 日：＿＿＿＿＿＿＿＿＿＿＿＿＿＿＿＿

【附錄三】遺產稅申報與過戶處理

步驟	主責機關	辦理項目	準備文件	貼心提醒
第一步	戶政事務所	申請除戶證明書	1.死亡證明書 2.被繼承人戶口名簿 3.被繼承人及其配偶身分證（須配合換證之配偶身分證相片1張） 4.代理人身分證正本、印章	向被繼承人戶籍所在地戶政事務所申請除戶證明
第二步	國稅局/地方稅稽徵機關	查調被繼承人財產、所得及贈與資料	1.繼承人身分證 2.被繼承人死亡證明書或除戶戶籍資料 3.繼承人與被繼承人關係證明文件（如戶口名簿等） 4.委託代理人辦理，應檢附委任書及代理人身分證正本	1.依民法第1156條（陳報遺產清冊）或第1174條（拋棄繼承），應從知悉得繼承之時起3個月內，以書面向地方法院（被繼承人戶籍地）辦理 2.依民法第1138條、第1144條，繼承人不分性別均有繼承遺產之權；依同法第1030條之1，生存配偶得於財產制關係消滅後，得主張行使剩餘財產差額分配請求權
第三步	國稅局	申報遺產稅	1.遺產稅申報書 2.載有死亡日期之戶口名簿影本或戶籍謄本（如：死亡診斷證明資料） 3.繼承系統表及各繼承人現戶戶籍資料（如：身分證、戶口名簿、護照或在臺居留證影本等）；如有拋棄繼承者，應檢附或法院准予核備之證明文件 4.委託他人申報者，應提出具名委任書及代理人身分證明文件 5.遺產之相關證明文件	1.繼承人應自被繼承人死亡之次日起6個月內，向被繼承人戶籍所在地之國稅局申報遺產稅；如有正當理由不能如期申報，應可在前述逾期間內，申請延長3個月 (1)遺產稅繳稅案件→繳稅完畢→核發「遺產稅繳清證明書」 (2)遺產稅免稅案件→核發「遺產稅免稅證明書」 (3)不計入遺產總額部分→核發「不計入遺產總額證明書」 (4)提出納稅保證案件→核發「同意移轉證明書」 2.依遺產及贈與稅法第8條規定，遺產稅未繳清前，不得分割遺產、交付遺贈或辦理移轉登記

步驟	機關	項目	應備文件	注意事項
第四步	地方稅稽徵機關	查欠地價稅、房屋稅	1.持遺產稅繳清證明書或免稅證明書或不計入遺產總額證明書或同意移轉證明書等，可跨縣市至全國任一地方稅稽徵機關查欠地價稅及房屋稅，並加蓋地方稅稽徵機關核准移轉之章 2.如辦理分割繼承者，請檢附遺產分割協議書一併辦理印花稅繳納作業	1.未辦保存登記建物，請至房屋稅籍所在地之地方稅稽徵機關辦理房屋稅名義變更，並檢附（1）遺產稅繳清（免稅）證明書、（2）遺產系統表、（3）全體繼承人戶籍資料、（4）繼承登記申請書名冊、（5）法院（依民法第1141條規定平均繼承者免附）核准拋棄繼承權證明書、（6）全體繼承人之印鑑證明 2.新所有權人如符合自用住宅用地要件，請向地方稅稽徵機關申請按特別稅率課徵地價稅
第五步	戶政事務所	申請印鑑證明	1.申請人身分證及印鑑章 2.初次請領印鑑證明者，應由本人親自申請，可委託代理人身分證正本、印章暨委託人身分證正本、印鑑章及委託書 3.申請被繼承人死亡除戶籍資料現戶戶籍資料 4.欲辦理分割繼承者需另加附全體繼承人之印鑑證明	1.請洽戶籍所在地之戶政事務所申請印鑑證明 2.欲辦理分割繼承者，但有下列情事者，免至戶政事務所申請印鑑證明： （1）未申請印鑑證明之繼承人於申請登記時親自到場，提出身分證正本，供登記機關人員查驗核符身分。 （2）分割協議書經依法公證、認證者或地政士簽證。
第六步	地政事務所	辦理產權移轉登記	1.土地登記申請書 2.登記清冊1份 3.繼承系統表1份 4.土地、建物所有權狀正本 5.被繼承人除戶籍資料1份及全體繼承人現戶戶籍資料各1份 6.遺產稅繳清證明書或免稅證明書或同意移轉證明書正本及影本各1份 7.申請人身分證正本、印章 8.代理人身分證正本、印章 9.欲辦理分割繼承者，請另檢附全體繼承人之印鑑證明及遺產分割協議書正、副本各1份（請完成印花稅） 10.有拋棄繼承情形者，請另檢附法院准予備查之繼承權拋棄文件正、影本	土地房屋應儘速向管轄地政機關申辦繼承登記，以免受罰

本書整理。出處：財政部稅務入口網。

【附錄四】社會備援機制

專線	號碼	服務對象、功能		服務時間
長照專線	1966	有照護需求者	週一至週五	上午8點30分至中午12點、下午1點30分至下午5點30分
勞工專線	1955	有聘僱外籍看護問題的雇主	週一至週日	24小時 (0:00-24:00)
失智症關懷專線	0800-474-580	有失智症照護與資源等問題	週一至週五	上午9點至下午9點
安心專線	1925	有心理壓力、情緒困擾、自殺防治等問題	週一至週日	24小時 (0:00-24:00)
保護專線	113	有老年或身心障礙者受到身心虐待、疏忽或其他嚴重傷害其身心發展行為等問題	週一至週日	24小時 (0:00-24:00)
安寧療護免付費諮詢專線	0800-008-520	有安寧醫療或臨床照護等問題	週一至週五	上午9點至下午9點
服務家庭照顧者關懷專線	0800-507-272	提供照顧者資源轉介、喘息服務、心理諮談等服務	週一至週五	上午9點至下午5點
福利諮詢專線	1957	提供急難救助、社會救助、福利諮詢及通報轉介等服務	週一至週日	上午8點至晚上10點
生命線	1995	提供各種心理困擾的問題,包括自殺防治、危機處理、婚姻家庭協談、男女感情協談、法律或健康協談、人際關係協談、精神心理協談等	週一至週日	24小時 (0:00-24:00)
張老師專線	1980		週一至週日	星期一至星期六:早上9:00-12:00、下午14:00-17:00、晚上18:00-21:30、星期日:早上9:00-12:00、下午14:00-17:00

本書整理

【附錄五】申請聘僱外籍看護工作業流程圖

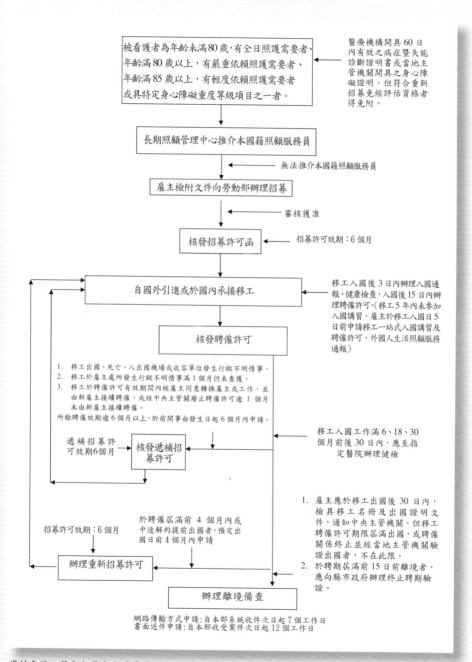

被看護者為年齡未滿80歲,有全日照護需要者、年齡滿80歲以上,有嚴重依賴照護需要者、年齡滿85歲以上,有輕度依賴照護需要者或具特定身心障礙重度等級項目之一者。

醫療機構開具60日內有效之病症暨失能診斷證明書或當地主管機關開具之身心障礙證明。但符合重新招募免經評估資格者得免附。

長期照顧管理中心推介本國籍照顧服務員

無法推介本國籍照顧服務員

雇主檢附文件向勞動部辦理招募

審核獲准

核發招募許可函

招募許可效期:6個月

自國外引進或於國內承接移工

移工入國後3日內辦理入國通報、健康檢查,入國後15日內辦理聘僱許可。(移工5年內未參加入國講習,雇主於移工入國日5日前申請移工一站式入國講習及聘僱許可通報,外國人生活照顧服務通報)

核發聘僱許可

1. 移工出國、死亡、入出國機場或收容單位發生行蹤不明情事。
2. 移工於雇主處所發生行蹤不明情事滿1個月仍未查獲。
3. 移工於聘僱許可有效期間內經雇主同意轉換雇主或工作,並由新雇主接續聘僱,或經中央主管機關廢止聘僱許可逾1個月未由新雇主接續聘僱。
所餘聘僱效期逾6個月以上,於前開事由發生日起6個月內申請。

移工入國工作滿6、18、30個月前後30日內,應至指定醫院辦理健檢

遞補招募許可效期6個月

核發遞補招募許可

於聘僱屆滿前4個月內或中途解約提前出國者,預定出國日前4個月內申請

招募許可效期:6個月

辦理重新招募許可

1. 雇主應於移工出國後30日內,檢具移工名冊及出國證明文件,通知中央主管機關。但移工聘僱許可期限屆滿出國,或聘僱關係終止並經當地主管機關驗證出國者,不在此限。
2. 於聘僱期屆滿前15日前離境者,應向縣市政府辦理終止聘僱驗證。

辦理離境備查

網路傳輸方式申請:自本部系統收件次日起7個工作日
書面送件申請:自本部收受案件次日起12個工作日

資料來源:勞動部勞動力發展署

【附錄六】聘僱外籍看護費用一覽表（2023年11月更新）

收費項目	收費對象	金額	備註
仲介費（登記費及介紹費）	仲介公司	<20,000元/次（不得超過外籍看護一個月薪資）	此費用為聘僱雇用外籍看護時，支付仲介的一次性費用，支付名稱不一，但取得名目常見的是登記費、介紹費、介紹工費、買工費、文件費等各種缺乏明確名稱的狀況。此事難以正確，或是重症需要更多看護費的狀況下，或是重症需要看護的家庭，常見仲介所收取的費用則高過勞動部規範的「外籍看護一個月薪資」。
雇主服務費	仲介公司	2,000/年	依照就業服務法規定，仲介公司可得向雇主收取每年2,000元服務費。
基本薪資	外籍看護	$20,000/月	勞動部規定自2022年8月10日起，新招募勞工連或承接或期滿續（轉）聘的家庭看護工每月薪資調整至2萬元。
加班費	外籍看護	$667/天	外籍看護週日算休假，若外籍看護選擇不休假（$667/天），且工作滿一年後，也需提供每年七天外籍看護特休假，若看護選擇休特休假，則應給予現金。但現台灣勞基法中不同的是，外籍看護特休假不會隨著年資而增加。
職災保險	勞動部	$48/月	外籍家事勞工之職災分類屬「家事服務業」，112年職災費率為0.18%，以月投保薪資26,400元為例，單月職保保險費為48元，每3個月（按季）寄發一次合計為144元，依規定全部由雇主負擔，雇主不得自移工薪資中扣收保險費。移工職災保險費由份份收取，雇主應依限期繳納，以免逾期遲加徵滯納金。
全民健保費用	勞動部	$1,286/月	外籍看護在台工作期間必須加入全民健康保險，其健保費投保級距依據基本工資，自2023年1月1日起，基本工資調升至26,400元，故雇主負擔為1,286元。
就業安定費	勞動部	$2,000/月	政府每月徵收2,000元的就業安定基金，每三個為一期。依就業服務法第55條第5項規定，雇主未規定期限繳納者，得寬限30日（於寬限期屆滿之末繳納者，自目限期屆滿之翌日起至完納前1日止，每逾1加徵繳納之就業安定費30%為限）。
意外險	保險公司	無金額規定	雇主應依勞動契約約定為外國，辦理移加意外保險（30萬元以上），連護因受傷或意外事件無法返家、損失喪等衍生生費用更是一大負擔，因此，為外籍看護投保意外險，有其必要性，尤其是若遭到死亡、後續醫藥費、遺體運回具母國費用差距，有意外險可支應意外發生時的費用。
膳食費	外籍看護	無金額規定	由雇主提供每日三餐（包含假日），若家裡沒有開伙就需給餐費，但沒有餐費金額的規定。
住宿費	外籍看護	無金額規定	由雇主提供住宿。
其他	外籍看護	無規定	以下費用由外籍看護必須自行支付，雇主無義務負擔外籍看護之： 1.體檢費（$2,000~$3,500，依照醫院規定收費） 2.居留證規費（3年$3000） 3.護照辦理費（視費用各國辦事處洽詢辦理、印尼辦理換發照護費用$1,100~$2,500，依地區不同費用不同）。 4.服務費（第一年每月$1,800，第二年每月$1,700、第三年及以上每月$1,500） 5.機票外勞來回機票由外勞自行負擔。雇主因不可抗拒之原因，若是中途解約，如：被照顧人死亡，移民署核准終止時，外籍看護可留台申請轉換另一立雇主，否則其遣返原居地之機票之費用加由雇主負擔。

【附錄七】聘僱外籍看護及一般戶之長照服務、短照服務及給付額度對照表

長照等級	照顧及專業服務（適用B、C碼）一般戶	照顧及專業服務（適用B、C碼）聘僱外籍看護者	交通接送（適用D碼）	輔具及居家無障礙環境改善服務（適用E、F碼）	家庭照顧者支持服務之喘息服務（適用G碼）	短照服務（勞動部支付）
第2級	$10,020／月	$3,006／月	第一類：$1,680／月 第二類：$1,840／月 第三類：$2,000／月 第四類：$2,400／月 （根據居住地縣市鄉鎮分類）	$40,000／3年	$32,340／年	$87,780／年
第3級	$15,460／月	$4,638／月				
第4級	$18,580／月	$5,574／月				
第5級	$24,100／月	$7,230／月				
第6級	$28,070／月	$8,421／月			$48,510／年	$71,610／年
第7級	$32,090／月	$9,627／月				
第8級	$36,180／月	$10,864／月				

附註

1. 無論是喘息服務、交通接送服務、專業服務與到宅沐浴車服務，輔具及居家無障礙環境改善服務，只要符合申請資格，都可以使用「長照2.0」。
2. 評估結果第一級為身體或心智失能者，不納入給付範圍。
3. 聘僱外籍看護的家庭，使用「照顧及專業服務」時，政府補助額度是一般戶的30%，使用其他服務則和一般戶一樣。
4. 根據經濟狀況在給付額度內給予不同補助，低收入戶政府全額補助，中低收入戶自付5-10%、一般戶自付16-30%。
5. 短期照顧服務費用依補助身分別給予補助，低收入戶全額由政府補助、中低收入者由政府負擔95%，一般戶則由政府負擔84%，使用額度比照長照部訂定的長期照顧服務申請給付額度並進行評估。與當地長照管理中心聯繫並進行評估。

本書整理

【附錄八】外籍看護照護與受照護者作息總表

時間 / 星期	一	二	三	四	五	六	日
				處理事項			
07:00-08:00	看護盥洗、吃早餐、整理家務						
08:00-08:30	1.看護準備受照護者的早餐（麥片：水煮沸後加入麥片、堅果、蔓越莓乾等）、2.當日的飲水＋蓮藕粉勾芡（避免嗆咳）						
08:30-09:00	受照護者起床、盥洗、稍微拉筋、按摩一下、扶受照護者到客廳餵早餐						
09:00-10:00	吃早餐、早餐後漱口						
10:00-12:30	陪受照護者 1.看護掃地、拖地、擦拭家具等家務 2.看護陪伴受照護者，視受照護者需求處理（如唱歌、按摩、拍背、聊天等） 3.視受照護者狀況同以，每天都需與看護一起陪同去公園散步、曬太陽（記得帶水）				11:00 11:30-12:30	喝養身茶品、酵素及小點心、並服用冰在冰箱的維他命 看護煮午餐	
12:00-13:30	吃午餐、午餐完刷牙、看電視						
13:30-15:30	睡覺（如果睡不著就聽歌、或是到樓下走走、甚至在中庭）						
15:30-16:00	喝點會飲料、吃點心、走走						
16:00-17:30	洗澡（先把受照護者的衣物準備好、在跟看護一起幫受照護者洗頭、洗澡、吹頭髮）						
17:30-18:30	陪受照護者看電視、唱歌、按摩、聊天等；看護煮晚餐						
18:30-19:30	吃晚餐						
19:30-21:30	受照護者看電視聽歌或是在椅子上披搖搖；看護整理廚房、垃圾等						
22:00	讓受照護者上床睡覺						

【附錄九】雙語每日活動及狀況記錄表（歡迎索取電子檔）

Date: _____	EVENT（活動）	有做打勾 （mark if done）	時間Time （重要的在標記）	其他（如情緒、睡眠狀況） （Write if there is emotion change or anything else）
早上 Morning	拍背 Back Patting			
	刷牙、洗臉、刮鬍子、梳頭髮 Brush Teeth, Wash Face, Shave, and Comb hair			
	如廁 Poop			
	吃早餐 Breakfast			
	飯後刷牙 Brush Teeth or Gargle after breakfast			
	曬太陽 Sunbathing			
	運動、走路或拉筋 Walk or Stretching			
下午 Afternoon	拍背 Back Patting			
	吃午餐 Lunch			
	刷牙 Brush Teeth, clean face and hand after food			
	午休 Nap			
	洗澡 Shower			
	按摩 Massage			
晚上 Evening	吃晚餐 Dinner			
	刷牙 Brush Teeth, clean face and hand after food			
	家裡走路 Exercise, move around at home			
	按摩 Massage			
	拍背 Back Patting			
每天一定得完成 Check the "Must Do on Daily Base"	口腔清潔：可以刷牙就刷牙，至少一定要漱口加上用牙線棒清洗，確定沒有食物殘留在牙齒上Brush Teeth and mouth cleaning			
	伸展筋骨 Exercise, stretching and massages			
	拍背 Back Patting			
	喝水：早上至少一大杯分次喝，下午至少一大杯分次喝，晚上一杯分次喝 Drinking Water, be careful of chocking. Drink slowly or thickening the water			

265

[附錄十] 雙語用藥表

時間 Time 藥名 Medication	早餐後 After Breakfast 1. Witgen 2. Wellbutrin 3. Fish Oil 魚油	白天 Day Time 中藥 Chinese Med.	保養品 R2 (x6)	午餐後 After Lunch 中藥 Chinese Med.	下午兩點整 14:00 Sharp 貼片 Exelon Patch	下午 Afternoon 任何茶包 Any Herbal Tea/ Eusure	晚餐後 After Dinner 1.Witgen 2.R2 (x2)	晚上 Evening 中藥 Chinese Med.	睡前 Before Sleep 1.Rivotri 2.Risperdal
10/1									
10/2									
10/3									
10/4									
10/5									
10/6									
10/7									
10/8									
10/9									
10/10									
10/11									
10/12									
10/13									
10/14									
10/15									

【附錄十一】勞動部函令

(一) 行文勞動部範本：主張可歸責於外勞之事實要求廢止聘僱，並且不同意外勞轉換雇主

說 明 函

聯 絡 人：
電　　話：
地　　址：

受 文 者：勞動部勞動力發展署
地　　址：
發文日期：中華民國年月日

主旨：考慮現行外國人照護不當，請求貴署同意本人與勞方 xxxxxxxxxx（國籍:xxx、護照號碼:xxxxxxx）廢聘，並且不希望此外國人轉換雇主，請 查照。

說明：

一、 本人 xxxx 因（家人關係 xx）（家人姓名 xxx）生活無法自理需靠人協助，故聘請（外勞國籍）看護工（外勞姓名）照顧日常生活。

二、 該名外勞來台前和本人與家人姓名（被照顧者）透過視訊，再三確認勞方工作內容無誤後引進，並於 x 月 x 日上工。該名外國人於 x 月 x 日全然不顧家人照顧需求，即不告而別逕自離開工作地點，毫無來由的惡意遺棄並逃逸到 xxxx（安置中心）收容，讓其屎尿滿床的家人姓名（被照顧者）頓時手足無措，外國人行為顯然有可歸責之情形，甚屬不該。

三、 本人於與外國人（外勞姓名）於 xxx 年 x 月 x 日上午/下午 x 時，在（區域）勞工局（某會議室），所召開之勞資爭議案件協調會，皆有紀錄。

四、 為考慮現行外國人照護不當，本人基於保護家人姓名（被照顧者）照護上的安全考量，希望廢聘，以利儘速申請聘僱下一位外國人，解決照護空窗問題，祈貴署同意。

五、 綜上所述，外國人違背工作契約，惡意遺棄重症者逃逸無蹤後接受安置，以雇主作為跳板要求轉換工作，衍生本人家庭照顧人力的問題，實屬惡劣！故本人不希望此外國人（外勞姓名）轉換雇主。

說 明 人：
分證字號：
地　　址：
電　　話：
正　　本：勞動部勞動力發展署

檔　號：

保存年限：

正本

勞動部勞動力發展署　函

地址：242030　新北市新莊區中平路439號南棟4樓
承辦人：崔家豪
電話：(02)8995-6000
電子信箱：am6616@wda.gov.tw

受文者：台灣失能者家庭暨看護雇主國際協會

發文日期：中華民國111年11月8日
發文字號：發管字第1114010832號
速別：普通件
密等及解密條件或保密期限：
附件：如說明四

主旨：重申為協助雇主協尋行蹤不明移工，失聯未滿3日仍得運用本署網路平台即時通報，請廣為周知並加強宣導，請查照。

說明：

一、就業服務法（下稱本法）第56條第1項規定，受聘僱之移工有連續曠職3日失去聯繫或聘僱關係終止之情事，雇主應於3日內以書面載明相關事項通知當地主管機關、入出國管理機關及警察機關。但受聘僱之移工有曠職失去聯繫之情事，雇主得以書面通知入出國管理機關及警察機關執行查察。

二、依上開本法第56條第1項但書規定，雇主或受委任之仲介公司於發現移工曠職失聯時，未滿3日內仍可通報相關機關執行查察，又為便於雇主單一窗口通報作業，本部已建立網路通報平台（網址：https://labor.wda.gov.tw/labweb/Login.jsp），雇主或受委任之仲介公司可隨時登錄移工失聯資訊通知協尋，該系統均可即時傳輸移民及警察機關啟動協查。

三、雇主或受委任之仲介公司除可依前揭網址直接進入平台登錄通報外，亦可至本署官網(https://www.wda.gov.tw/)或外國人勞動權益網站(https://fw.wda.gov.tw/wda-employer/)「相關連結」搜尋「移工動態查詢系統」，並於

第1頁　共2頁

該系統「外國人失聯3日內通報」處，輸入網頁左側認證碼後進入通報平台，即可填報並上傳相關失聯外國人資訊。

四、檢附「平台操作手冊」供參，請協助轉知轄下雇主及仲介公司參考。

正本：臺北市政府、新北市政府、桃園市政府、臺中市政府、臺南市政府、高雄市政府、新竹縣政府、苗栗縣政府、南投縣政府、彰化縣政府、雲林縣政府、嘉義縣政府、屏東縣政府、宜蘭縣政府、花蓮縣政府、臺東縣政府、澎湖縣政府、金門縣政府、連江縣政府、基隆市政府、新竹市政府、嘉義市政府、中華民國工業區廠商聯合總會、中華民國工商協進會、中華民國工業協進會、台灣區電機電子工業同業公會、中華民國全國工業總會、中華民國全國商業總會、中華民國全國中小企業總會、中華民國身心障礙聯盟、中華民國老人福利推動聯盟、台灣失能者家庭暨看護雇主國際協會、中華民國就業服務商業同業公會全國聯合會、臺北市就業服務商業同業公會、臺中市就業服務商業同業公會、高雄市就業服務商業同業公會、桃園市就業服務商業同業公會、新北市就業服務商業同業公會、臺南市就業服務商業同業公會、中華民國人力仲介協會、中華民國就業服務專業人員協會
副本：內政部移民署、內政部警政署

署長

依照分層負責規定授權單位主管決行

作　　　者	張妲燕、童文薰
編　　　輯	張妲燕、童文薰
出　版　者	童文薰
地　　　址	221 新北市汐止區新台五路一段106號18樓
電　　　話	02-8696-1110
發　行　人	童文薰
電子郵件	service@taiwanian.com.tw
網　　　址	www. taiwanian.com.tw
出版日期	2023年12月 初版一刷
定　　　價	NT$390
ＩＳＢＮ	978-626-01-1943-0（平裝）

收款帳號戶名

存款金額

電腦紀錄

經辦局收款章戳

98-04-43-04

收款帳號 **50458327**

郵 政 劃 撥 儲 金 存 款 單

撥 金 額 新台幣
(限填本次款項用途)
(阿拉伯數字)

億 仟 佰 拾 萬 仟 佰 拾 元

收款戶名 **智慧行動傳播科技股份有限公司**

寄款人 □ 他人存款 □ 本戶存款

姓名

地址

電話

經辦局收款章戳

主管：

通訊欄（限填本次款項用途）

活出兩倍的人生

單本書 NTD 390元/本

10本書以上 NTD 350元/本

虛線內備供機器印錄用請勿填寫

郵政劃撥存款收據 注意事項

一、本收據各項金額、數字係機器印製，如非機器列印或經塗改或無收款郵局收訖章者無效。

二、本收據請妥為保管，以便日後查考。

三、如欲查詢存款入帳詳情時，請檢附本收據及已填妥之查詢函向任一郵局辦理。

四、本收據若係個人帳戶本人帳戶，如非個人帳戶本人，其存款免扣手續費；該交易將不提供劃撥存款影像（檔）。

請寄款人注意

一、本存款單金額之幣別為新臺幣，每筆存款至少須在十五元以上，倘金額塗改請更換存款單重新填寫：抵付票據之存款，務須於交換前一天存入。

二、本存款單經電腦登帳後，不得申請撤回。

三、本存款單備供電腦影像處理，請詳細填寫收款帳號、戶名、寄款人姓名、地址、電話及通訊欄等事項，並以正楷工整書寫，勿折疊、黏貼或附寄任何文件，本公司將提供劃撥存款影像（檔）予收款帳戶核帳。

四、其他人存款及非個人帳戶本人在「付款局」所在直轄市或縣市以外行政區域之存款，按每筆存款金額自帳戶內扣收手續費，各欄文字及規格必須與本單完全相符。

五、帳戶如需自印存款單，各欄文字及規格必須與本單完全相符：如有不符，寄款人應自行負擔印製之存款單費用，以利處理。

六、所託收之存款票據於運送途中，若發生票據被盜、遺失或滅失時，同意授權由郵局或其代理之本人比照票據法第19條、票據掛失止付處理規範第14條規定之意旨，辦理掛失止付款後，其經取得存款者，須另出具委託書及代辦人身分證件。

七、「他人」存款且「非本公司儲戶」，須另出示相關登記證照，並填具實質受益人聲明事項：如寄款人為「非個人帳戶」者，須另出具委託書及代辦人身分證件。

交易代號：0501、0502 現金存款　0503票據存款　2212 劃撥票據託收
本聯由儲匯處存查
210 X 110 mm (80 g/m²) 保管五年